Donald Kulesza-Betzen

# Mathilde Hitzfeld

******************

Ein demokratisches
Dokumentarspiel
in fünf Aufzügen

Das Dokumentarspiel darf weder
aufgeführt noch verfilmt werden ohne
die ausdrückliche Genehmigung
des Autors.

Für Kornelia

Bibliografische Information der Deutschen Nationalbibliothek:
Die Deutsche Nationalbibliothek verzeichnet diese
Publikation in der Deutschen Nationalbibliografie; de-
taillierte bibliografische Daten sind im Internet über
**dnb.dnb.de** abrufbar.

© 2024   Donald Kulesza-Betzen
1. Auflage
Layout, Coverdesign: Kornelia Betzen

Verlag:
**BoD** · Books on Demand GmbH, In de Tarpen 42,
22848 Norderstedt
Druck:
Libri Plureos GmbH, Friedensallee 273,
22763 Hamburg

**ISBN:  978-3-7597-7658-7**

# Eine kurze Einführung in das Dokumentarspiel

Frühjahr 1849, die Pfalz und Baden befinden sich im offenen Aufruhr. Vom rechtsstaatlichen, demokratischen Geist überzeugte Verfassungspatrioten wollen die unverschämte Zurückweisung ihres Angebotes der Kaiserkrone eines kleindeutschen Reiches durch den preußischen König nicht hinnehmen.

Die offene Abweisung der Delegation des ersten frei gewählten Frankfurter Parlaments bedeutet die Vernichtung aller Hoffnungen für ein freies und geeintes Deutschland.

Grund- und Menschenrechte, politische Teilhaberechte und der gesamte Prozess um einen gemäßigten Konstitutionalismus werden durch reaktionäre Monarchen wie die Könige von Preußen und von Bayern mit Füßen getreten.

Überall in der Pfalz und im angrenzenden Rheinhessen kommt es zur Bildung einer spontanen „Freischarenbewegung". Man greift zu den Waffen, um die Errungenschaften der Paulskirche mit allen Mittel zu verteidigen. In Baden geht sogar das Militär zum Volk über, und der König flüchtet mit wenigen getreuen Offizieren vor dem Volksaufstand.

Der 14. Juni 1949 wird zum Schicksalstag für Kirchheimbolanden und seine Lokalheldin, eine demokratisch und frauenrechtlich gesinnte junge Frau, Mathilde Hitzfeld. Sie engagiert sich von Anfang an mit Herzblut für die Verfassung. Mathilde mischt sich heldenhaft in die Kämpfe gegen die preußischen Truppen ein, die die „Insurrektion" niederschlagen sollen.

Im Schlossgarten der ehemaligen nassau-weilburgischen Residenz kommt es zu einem sinnlosen Massaker an einer Kompanie junger Freischärler. Sie stehen auf verlorenem Posten, nachdem sich das Gros ihrer Kameraden schon längst aus der Stadt zurückgezogen hat.

Hat man sie nicht rechtzeitig gewarnt? Die Frage konnte bis heute nicht beantwortet werden.

Die Kommandeure Zitz und Bamberger der rheinhessischen Freischar flüchten in letzter Sekunde mit der Chaise von Dr. Hitzfeld.

Letztlich siegt das reguläre preußischen Militär im ungleichen Kampf. Der Aufstand wird in der ganzen bayerischen Pfalz und schließlich nach wechselvollen Kämpfen in Baden niedergeschlagen.

So muss auch Mathilde Hitzfeld das Schicksal vieler Helden und Märtyrer der Revolution 48/49 teilen, deren Ideale mit Füßen getreten werden.

**Doch mit Recht gelten sie als die Vorläufer unserer Demokratie, denen wir eine ehrenvolle Erinnerung bewahren sollten.**

Das Dokumentarspiel dramatisiert in seinen historischen Anteilen den Roman

**MEIN HERZ FÜR DIE FREIHEIT –
MATHILDE HITZFELD**,

der vom selben Autor in einer verbesserten und erweiterten, zweiten Auflage 2022 im Verlag TWENTYSIX, eine Marke der Books on Demand Norderstedt GmbH, erschienen ist. (ISBN 9783740714482)

# Mathilde Hitzfeld

\*\*\*\*\*\*\*\*\*\*\*\*\*\*\*\*\*\*\*\*\*\*\*\*\*\*\*\*\*\*\*\*\*\*\*\*\*\*\*\*\*\*\*\*\*\*\*\*\*\*\*\*\*\*\*\*\*\*\*\*\*\*\*\*\*\*

## Ein demokratisches Dokumentarspiel in fünf Aufzügen

### *Zeit:*

*Der pfälzisch-badische Aufstand 1849*

### *Schauplätze der Handlung:*

*Kirchheimbolanden, der Donnersbergkreis und die umliegenden Dörfer und Nachbarstädte*

## Personen:

**Mathilde Hitzfeld,**
    die Tochter des Kantonsarztes
    Dr. Ludwig Hitzfeld

**der „alte Abraham":  Dr. Ludwig Hitzfeld,**
    Kantonsarzt, Stadtrat und Mitglied des kantona-
    len Verteidigungsausschusses

**Anna Maria Hitzfeld,**
    seine Frau und Mutter der Mathilde

**Philipp Berch,**
    Fahnenträger der Donnersberger Freischar,
    Freund und Geliebter Mathildes

**Heinrich Rochotte,**
    Hauptmann der Donnersberger Freischar

**Jakob Müller,**
    Zivilkommissar, Schreiber bei Karl Wilhelm
    Schmidt, 1. Sekretär

**Karl Wilhelm Schmidt,**
    Notar

**Frau Schmidt**

**Ludwig Bamberger,**
    militärischer Spezialkommissar, dem Zivilkom-
    missar beigegeben, Journalist aus Mainz,
    Kommandeur der hessischen Freischar

**Franz Heinrich Zitz,**
> Advokat aus Mainz, Hauptmann und Kommandant der Binger Schützenbrigade

**Ferdinand Haas,**
> Student aus Alzey, Hauptmann der Alzeyer Kompanie

**Sebastian Ditt,**
> Tüncher aus Bretzenheim, Hauptmann der Bretzenheimer Kompanie (sog. Turnerkompanie)

**Laura Schmidt,**
> Tochter des Notars und spätere Frau des Jakob Müller

**Georg Seyler,**
> „Obrist", Kommandant der Kirchheimer Bürgerwehr

**Regine Glaser,**
> Schneiderin und Kunststickerin, Leiterin der Kirchheimer Frauen bei der Herstellung der Bürgerwehrfahne und der Fahne der Donnersberger Freischar

**Therese Giessen,**
> Schneiderin und Kunststickerin, Entwurf und Aufsicht bei der Herstellung der Fahnen

**Fritz Barbier,**
> Junge von 13 Jahren, Augenzeuge und späterer Berichterstatter über „die Fahnenweihe" und die dramatischen Geschehnisse während der Fahnenweihe am 12. Juni 1848,
> (Großvater von Fritz Barbier, Berichtsquelle aus dem Wochenblatt für Kirchheimbolanden und Grünstadt aus demselben Jahr, der die Zeitung Konrad Lucae zur Verfügung gestellt hat.)

## Weiterhin:

**Bürgerwehr**
> (Spielmannszug: „türkische Musik")

**Festdamen**
> in weißen Kleidern mit schwarz-rot-goldenen Schärpen um die Schulter

**Herren**
> der provisorischen Regierung in Kaiserslautern

**Viele Männer und Frauen aus Kirchheim und der Umgebung,**

> Volksfest, teils festlich, teils in einfacher Kleidung, lärmende Kinder, Angetrunkene, die ihre Späße machen etc., starkes Gedränge, Pöbeleien und handfester Streit um Triviales

# 1. Akt

*Die Fahnenweihe der Donnersberger Freischar durch Mathilde*

## Szene 1

*Rempeleien und Lärm*

*Schauplatz:*

*Marktplatz mit einer Tribüne,*
*die feierlich mit Tannenzweigen und schwarz-rot-goldenen Fahnen geschmückt ist, Festdamen und Mathilde Hitzfeld sitzen auf Bänken über dem Publikum*

*Hochspannung*
*bei den Gästen und im Publikum, da eine junge Frau, Mathilde Hitzfeld, die Festrede bei der Fahnenübergabe halten soll, ein in dieser Zeit ungewöhnlicher Vorgang*

*Türkische Musik,*
*Lied vom Publikum gesungen:* **Die Gedanken sind frei**, *danach erwartungsvolle Stille, alle Augen sind auf die jugendliche Rednerin Mathilde Hitzfeld gerichtet, hohe, schlanke Mädchengestalt in weißem Kleid, schwarz-rot-goldener Schärpe und Kokarde, schön geschnittenes Gesicht, glänzende Augen, eine Lichtgestalt*

*Mathilde ergreift die Fahne der Donnersberger Freischar, die ihr von Festdamen überreicht wird und beginnt ohne eine Spur von Aufregung eine feurige Rede:*

13

**Mathilde:**
*(klar und durchdringend)*

Meine Damen und Herren, liebe Mitbürger,

Ihr wisst, warum ich an diesem schicksalhaften Tag vor euch stehe. Man hat mir die ehrenvolle Aufgabe übertragen, eine mit viel Schweiß und nimmer enden wollender Begeisterung von vielen fleißigen Händen gestickte wunderschöne Fahne zu übergeben.

**Carl Gießen:**
*(unterbricht Mathilde)*

Ein dreifaches Hoch auf unsere fleißigen Stickerinnen und Festdamen!
Sie leben Hoch, dreimal Hoch!

*(Die Menge applaudiert stürmisch.)*

**Mathilde:**
*(hebt die Hand, um die Menge zu beruhigen. Sie fährt gelassen fort.)*

Ich bin mir dieser besonderen Ehre bewusst und möchte im Namen aller freiheitlich gesinnten Mitbürger den außerordentlichen Fleiß und das große Geschick loben, das die Fahne bezeugt.

Ist sie nicht wunderschön geraten?

*(anhaltender Applaus)*

*(Original im Museum im Stadtpalais Kirchheimbolanden)*
*(Fotografiert und bearbeitet von K. Betzen)*

Vor allem sollten wir unseren hochtalentierten Stickerinnen, namentlich Frau Gießen und Frau Glaser, herzlichst danken. Sie haben einen künstlerischen Entwurf
vorgelegt, der sich jetzt in Vollendung wahrhaftig sehen
lassen kann. Ohne ihre Expertise und ständige wohlge-
meinte Hilfe wäre dieses Kunstwerk wohl nicht zu-
stande gekommen.

Ein Hoch auf unsere Künstlerinnen und ihre bienenfleißigen Helferinnen, die keine Mühe und Kosten gescheut haben, für die Fahne zur Ehre unserer Freischar.

Ich bin mir sicher, dass sie die Freiheit unserer geliebten Pfalz gegen die Despotie volksverräterischer Tyrannen mit ihrem Blut und Leben tapfer verteidigen werden.

In diesem Geist händige ich ihnen diese Fahne aus.


*(lange Unterbrechung der Rede Mathildes, ein ohrenbetäubendes, donnerndes, **dreifaches Hurra** aus allen Mündern!)*


### Mathilde:

Ja, wir wissen, was wir zu verteidigen haben.

Diese Despoten, die ohne unsere Zustimmung auf ihren Thronen sitzen, haben uns Lügen erzählt. Sie haben uns völlig unehrlich und verräterisch Sand in die Augen gestreut.

Schon Ludwig, der alte Verschwender und Frauenheld – denkt mal an die verruchte, angeblich spanische Tänzerin Lola - hat noch vor seinem Rücktritt so getan, als ob er ein Anwalt der neuen Freiheit wäre und auf die ihm vorgelegten, völlig ehrenvollen und gerechtfertigten Forderungen von uns Pfälzern eingehen wolle.

Er hat uns an der Nase herumgeführt, dieser Schuft und Lügenbold, dieser verruchte Schürzenjäger auf dem Thron der Wittelsbacher!

Er hat uns Luftschlösser vorgemacht. Sein Rücktritt war überfällig.

Hoffentlich ist unser jetziger König Maximilian aus anderem Schrot und Korn. Er möge unsere Heimat an der Seite Bayerns in eine schöne Zukunft führen!

*(Wieder wird Mathilde minutenlang durch stürmische Ovationen unterbrochen. Diesmal geht der Applaus von königstreuen Monarchisten aus. Ein Großteil der versammelten Männer und Frauen lässt sich von der Freude anstecken und jubelt.)*

Wir wissen, dass wir Druck machen müssen, notfalls auch militärisch.

Ohne Volksbewaffnung stehen wir hilflos da und sind der Willkür der Despoten ausgeliefert.

Die Meinung ist einhellig. Wir wollen nach den vielen Jahren der Knechtschaft endlich auf gleicher Augenhöhe mitreden dürfen. Wer Steuern bezahlt, hat das Recht, politisch mitzuwirken und zu gestalten.
*(Unterbrechung durch begeisterte Zurufe!)*

- **Schluss mit der Ausbeutung!**
- **Steuern nur mit unserer Zustimmung!**
- **Keine Sonderabgaben!**
- **Verfassung statt Gottesgnadentum!**
- **Nieder mit den Tyrannen!**
- **Freiheit**

Die Freiheit dürfen wir uns niemals wieder aus den Händen schlagen lassen. Doch wir bekommen sie nicht als Geschenk der Obrigkeit.

Wir müssen notfalls fanatisch unter den größten Opfern für sie tapfer kämpfen. Hier dürfen wir keine faulen Kompromisse eingehen.

Das sind wir allen Pfälzern und unseren ungeborenen Kindern und auch deren Kindern schuldig.

*(Mathilde steigert ständig das Feuer ihrer Rede und zeigt, dass sie bereit ist, fanatisch für die Freiheit zu kämpfen. Die grenzenlose Liebe zu den Freiheitsrechten drückt sie ungeschminkt aus.)*

*(Wieder begeisterte Zurufe und langer Applaus! Trommelschläge!)*

Wenn man uns die Freiheit, nach der wir uns mit jeder Faser unseres Herzens sehnen und die wir jetzt haben wollen, nicht geben will, dann muss das Blut der Tyrannen fließen.

Wir haben es satt, uns mit faulen Versprechungen belügen zu lassen.

Schluss damit! Es reicht endgültig!

*(Wieder wird sie von frenetischem Beifall unterbrochen; ihre martialischen Worte hinterlassen einen starken Eindruck. Eine solche Rede hat man von der jungen Frau dann doch nicht erwartet. Aber Mathilde ist mutig und macht aus ihrem Herzen keine Mördergrube.)*

*(Jetzt ergreift sie die Fahne, schwenkt sie mit leicht errötetem Gesicht und gibt sie an Philipp Berch weiter.*

*Überraschend für das Publikum wird ihre Stimme sehr warmherzig und liebevoll sagt sie zu dem hochgewachsenen, verblüfften Fahnenträger.)*

## Mathilde:

Lieber Philipp,

kehrst du mit dieser Fahne und mit einem einigen und freien Vaterland zurück, so reiche ich dir diese Hand!

*(Wieder Hochrufe, lautes Klatschen)*

**Mathilde lebe hoch!**
**Ein dreifaches Hurra!**
**Hoch die Pfalz!**
**Hoch die Freiheit!**
**Es lebe unser geliebtes Vaterland!**
**Nieder mit den Tyrannen!**

## Philipp Berch:
*(etwas gehemmt, aber dann doch mit männlicher Stimme für alle hörbar)*

Liebe Mathilde,
das verspreche ich dir. Meine Kameraden werden alles tun, um die Freiheit und Einheit zu erkämpfen.

Bis zum letzten Atemzug werden wir uns notfalls um die Fahne scharen.

Es wird kein feiges Zurückweichen vor den Tyrannen und ihren Söldnern geben.

Wir wollen unsere Freiheit, die Freiheit aller Pfälzer und die unserer Kinder und Enkel mit aller Kraft und mit dem größten Opfer, zu dem ein Mensch fähig ist, unserem Leben, verteidigen.

*(fanatischer Applaus der hitzigen Menge)*

### Hauptmann Heinrich Rochotte:
*(übernimmt die Fahne im Namen der Freischaren)*

Liebe Mitbürger, hochverehrte Gäste,

wir Freischaren geloben feierlich, diese Fahne in Ehren zu halten.

Wir geloben für sie zu kämpfen, für sie notfalls unser Blut zu vergießen und zu sterben.

Bürger, nie werden wir sie lebend uns aus den Händen reißen lassen.

Sie soll für die Tyrannen ein rotes Tuch sein, gefärbt mit dem Blut aller freiheitsliebenden Menschen.

Sie ist das Symbol für Freiheit von der Tyrannei und dem Glücksstreben.

Hierfür stehen wir mit unserem Leben ein.

Ein Hoch auf Fräulein Mathilde Hitzfeld und die Festdamen.

Sie leben dreimal Hoch. Hurra.

*(ein einstimmiger, langer Applaus der großen Versammlung)*

*(Dann bildet sich der Festzug. Allen voran die Alzeyer Turner, es folgt die Musikkapelle, anschließend der Festausschuss mit Mathilde an der Spitze. Es schließen sich an die Freischaren, die Bürgerwehr, Gäste und Kirchheimer. Der blutrünstige* **Heckermarsch** *erklingt. Man marschiert durch die Hauptstraßen der Stadt nach dem Forstgarten.)*

*(Hier findet das eigentliche Volksfest statt. Beflissene Wirte haben Tische und Bänke aufgestellt, um die Menschen mit allen Köstlichkeiten zu verwöhnen, die die fruchtbare Pfalz zu bieten hat. Die Menge ist in Hochstimmung und genießt den herrlichen Tag.)*

# Szene 2

## Forstgarten

## Volksfest

*Lagerbier, guter Wein, alle möglichen Speisen, Festtags-stimmung bei strahlendem Sonnenschein*

## Philipp:
*(setzt sich zu Mathilde)*

Mathilde, ich war überrascht und bin noch ganz benommen. Hast du das vorhin ernstgemeint?

## Mathilde:

Aber ja, Philipp. Ich trete doch nicht vor die Festversammlung und rede Unfug.

Ich will mich doch nicht vor all den wackeren Leuten und opferbereiten Patrioten blamieren.

Ich habe mir das alles, vor allem auch das zwischen uns, reiflich überlegt.

Wir kennen uns schon lange und du weißt, dass ich konsequent bin.

Ja, vielleicht hätte ich dir nicht in der Öffentlichkeit dieses Versprechen geben sollen. Es geht ja um unser privates Lebensglück.

Ich habe es getan und stehe dazu. Ich hoffe, dass ich dich mit diesem öffentlichen Bekenntnis nicht verärgert habe.

Alle sollen wissen, dass ich dich liebe.

Alle sollen wissen, dass mein Herz für die Freiheit und die Menschenrechte schlägt.

### Philipp:

Du machst mich glücklich. Ich liebe dich. Dass du unsere Beziehung vor all den Menschen bekanntgegeben hast, zeigt mir, wie du zu mir stehst. Ich schwebe auf Wolke sieben.

### Mathilde:

Ich habe auch mit meinem Vater und meiner Mutter gesprochen. Sie mögen dich. Mein Vater hält sehr viel von dir. Er lobt deinen Fleiß, dein außerordentliches handwerkliches Geschick. Die neuen Treppen, die du entworfen hast, und die wie edle Möbelstücke geschätzt werden von den Kirchheimern, haben ihn stark beeindruckt.

### Philipp:
(bescheiden)

Ja, es hat mich selbst überrascht, wie gut meine Eichentreppen ankommen. Der Preis ist ja nicht niedrig. Ich versuche, für das viele Geld mein Bestes zu geben. Lob ist für mich Ansporn und Verpflichtung.

## Mathilde:

Er hält dich für sehr geschäftstüchtig und künstlerisch begabt. Aber vor allem ist er davon überzeugt, dass du ein herzensguter Mensch bist. Gestern sagte er mir im Beisein meiner Mutter, dass er sich vorstellen kann, dass du sein Schwiegersohn werden könntest.

Meine Mutter war überrascht, obwohl sie schon gewisse Vorahnungen hatte. Aber ich weiß, dass sie dich genauso sieht.

## Philipp:
*(sichtlich bewegt)*

Ich mag Ludwig und Anna auch sehr. Für mich ist vor allem dein Vater ein patriotisches Vorbild, ein aufrichtiger Mensch. Er hat ein großes und mitfühlendes Herz für die Armen.

Auch meiner Familie hat er unter die Arme gegriffen, als es ihr schlecht ging. Ich vergesse niemals, dass er meinen Vater für Gottes Lohn therapierte.

Wie oft hat er schon Bedürftige umsonst behandelt!

Ja, er ist ein selbstloser Wohltäter in unserem Kirchheim. Man achtet, ja, verehrt ihn. Mit Recht!

Du kannst dir keinen besseren Vater wünschen.

## Mathilde:

Wie alle Menschen hat er auch seine Macken. Manchmal wünschte ich mir, er würde nicht so stark in seinem Beruf aufgehen.

Ich glaube, dass er damit meine Mutter oft überfordert. Sie möchte mehr von ihm haben. Doch nach einem langen Arbeitstag und nach unruhigen Nächten, in denen er, ohne Rücksicht auf sich selbst, Patienten besucht, ist er völlig ausgelaugt und schnarcht auf dem Sofa vor sich hin.

Anna macht sich Sorgen um seine Gesundheit. Sie meint, dass er übertreibt. Da ist sie leider im Recht.

Sein Beruf ist sein Lebensinhalt. Er hat mich auch angesteckt. Wenn ich ein Mann wäre, würde ich auch Medizin studieren.

Man kann in diesem Beruf ja viel Gutes für die Menschen tun.

Es ist wundervoll, Arzt zu sein und helfen zu können.

## Philipp:

Er ist ein begeisterter Arzt. Die Kirchheimer sagen ganz offen, dass der *Alte Abraham*, wie sie ihn nun einmal hinter vorgehaltener Hand respektvoll nennen, ein hochengagierter und kompetenter Kantonalarzt ist.

Es gibt keinen besseren weit und breit. Da sind sich alle einig.

Sie sind glücklich, dass er nach Kirchheim gekommen ist.

*(Lockenhaas tritt auf und hält eine flammende Ansprache, Hauptmann der Alzeyer Turner und bezahlter Redner.)*

### Lockenhaas:

Meine lieben Mitbürger und Tyrannenhasser,

Endlich zeigen wir eine klare Kante. Spätestens jetzt machen wir den bayerischen Bierranzen klar, die uns der hinterlistige Max schickt, dass die Ausbeutung der schönen Pfalz ein Ende hat.

Wir Freischärler wissen, wofür wir kämpfen. Sollen sie doch kommen.

Wir zeigen Ihnen, dass ein echter Pfälzer für seine Heimat mit aller Kraft eintritt.

Notfalls kämpfen wir bis zum letzten Atemzug.

*(Donnernder Applaus, Zwischenrufe:)*

- **Ja, Lockenhaas, richtig so.**
- **Haut den Zwockeln auf die fetten Ranzen.**
- **Kein Geld mehr für spanische Tänzerinnen und Konkubinen. Lolas haut ab!**
- **Wir wollen eine freiheitliche Reichsverfassung!**
- **Endlich Einheit für das deutsche Vaterland und Freiheit für alle!**
- **Wir fordern Grund- und Menschenrechte.**

**- Ohne sie kann es keine Verfassung geben!**
**- Ohne Verfassung keine Freiheit!**
**- Keine Zugeständnisse an Fürstenwillkür und**
  **Absolutismus!**

*(Lockenhaas kann nur mit großer Mühe weiterreden.)*

Schlagt die verdammten Reaktionäre notfalls tot, wenn sie uns weiterhin unsere Rechte verweigern.

Das Gottesgnadentum hat endgültig ausgedient. Es gehört auf den Kehrrichthaufen der Geschichte.

Wir stehen zusammen. An uns Freischaren wird die Tyrannei zerbrechen.

Für Gott, unser Vaterland und unsere geliebte Heimat, die sonnige Pfalz.

*(Gewaltige Zustimmung. Jubel!*
*Die Menge gestikuliert wie wild.)*

**Lockenhaas, Lockenhaas!**

**Du hast es richtig gesagt. Aus deinem Mund sprechen die Pfälzer.**

**Volkswille vor Gottesgnadentum!**

*(Weitere Redner fanatisieren die schon leicht wein- und bierseligen Kirchheimer und ihre Gäste aus nah und fern. Die Festtagsfreude steuert auf einen Höhepunkt zu. Einige hält es kaum mehr auf ihren Bänken.)*

*Sie schwenken ihre Hüte, brüllen aggressive Parolen in die Menge und drohen ganz offen dem König und seinen Beamten. Der süffige Pfälzer Wein radikalisiert sie.)*

- **Nieder mit Max!**
- **Schluss mit den Wittelsbachern.**
- **Haut ab nach München, ihr Blutsauger!**
- **Nieder mit der Monarchie!**
- **Es lebe die Republik!**
- **Volkswille! Menschenrechte und Gerechtigkeit!**
- **Einigkeit für Deutschland.**
- **Schluss mit der Willkür!**
- **Jagt die Fürsten davon!**
- **Fürstenblut muss fließen!**

# Szene 3:

### Brand in der Holzgasse

*(Plötzlich reitet der Kirchheimer Postbote in vollem Galopp heran und bläst in sein Horn. Er verbreitet Angst und Schrecken. Die Stimmung kippt.*

*Einige schreien:)*

### Es ist Postillion Fuchs.

*(Dann wilde Rufe:)*

**- Es brennt, es brennt, Feuer, Feuer, die ganze Holzgasse steht in Flammen!**

*(Die Menge rennt lärmend vom Forstgarten in Richtung Holzgasse von Angst und Neugier getrieben.)*

### 1. Kirchheimer:
*(sportlicher junger Mann)*

Verdammt. So ein Unglück. Hoffentlich ist das Häuschen meiner Oma nicht betroffen.

Das trockene Fachwerk brennt wie Zunder!

## 2. Kirchheimer:

*(alter Mann, geht am Krückstock, tut sich schwer, voran zu kommen.)*

Ach, dass wir gerade heute an diesem herrlichen Freiheitsfest so ein Unglück erleben müssen! Hätten wir doch mehr Spritzen angeschafft! Da haben wir wieder an der falschen Stelle gespart.

Immer diese Schuldenbremse!

## 3. Kirchheimerin:

*(alt, gehbehindert, atemlos, bigott, mit hoher Fistelstimme)*

Wenn das nur kein schlechtes Omen ist! Gott sei uns gnädig!

*(Schon im Gebetston)*

Herr errette uns von dem Übel. JOSEF, MARIA, JESUS stehe uns armen Sündern bei.

## 4. Kirchheimer:

*(mittleres Alter, Bauarbeiter)*

Mach dir keine Sorgen, Alma! Wir kriegen das schon in den Griff.

Alle stehen zusammen.

Wir brauchen keinen himmlischen Beistand. Spar dir deine frommen Sprüche!

*(Dichte Rauchwolken, lodernde Flammen.*
*Mehrere Häuser brennen.*
*Endlich taucht die erste Spritze auf.)*

*(Schallendes Gelächter!)*

*(Inspektor Wanzel zieht den Spritzenwagen mit der Hebamme Geiger. Von hinten schieben drei alte Frauen, keuchend, Schweiß gebadet.)*

## Wanzel:
*(schreit erbost)*

Steht nicht dumm herum. Helft uns.
Es ist auch euer Hab und Gut.
Wollt ihr, dass unsere Stadt in Flammen aufgeht?
Schnell, bildet Eimerketten!

*(Die Alzeyer Turner, kräftige, athletische junge Männer sind zur Stelle. Sie bekämpfen mit der örtlichen Feuerwehr das Flammenmeer.*
*Schnell stellt sich der Erfolg ein.)*

## Wehrführer:

Das bekommen wir in den Griff.
Angriff, Leute!
Wasser marsch!

### Junger Kerl:
(in der Eimerkette)

Könnt ihr nicht schneller sein? Schlafmützen.
Ran an die Flammen! Wir brauchen mehr Wasser.


### Frau Wanzel:
*(zornig)*

Ja, wenn ich deine Arme hätte! Mir tun schon jetzt alle
Muskeln weh. Schneller kann ich nicht.


### Feuerwehrmann:

Unser Einsatz zeigt schon Wirkung. Kein Grund zur Panik. Bald werden wir den Brand unter Kontrolle haben.


### Freischärler:
*(bekämpfen mit vollem Einsatz das Feuer.)*

Ei, wer hätte gedacht, dass die Stunde der Bewährung
so früh kommt!

*(Einige seiner Kameraden:)*


**- Für die Freiheit! Für die Einheit!**
**- Alle Mann ran an den Feind!**

### Ein älterer Mann:
*(der den Freischaren nicht wohlgesonnen ist)*

Ja, Sprüche kloppen können sie, unsere lieben Frei-scharen, unsere demokratischen Helden! Selbst, wenn es nicht passt. Hat denn unser König das Feuer gelegt? Wollt ihr ihn als zweiten Nero hinstellen?

Welch ein Unsinn! Ob sie auch standhalten, wenn die Kugeln fliegen?

Elende Maulhelden!


### Ein anderer Kirchheimer:
*(der auch die Freischaren kritisch sieht)*

Vielleicht hat mancher von ihnen schon zu tief ins Weinglas geschaut. Schwätzer. Papageien. Spinner, Schoppenstecher!

Aber, wenn sie löschen, soll mir ihr Maulheldentum recht sein.

# 2. Akt

*Ein Jahr später*

## 1. Szene

### Familie Hitzfelds Wohnzimmer

*(bürgerlich, zweckmäßige Möbel, kein Prunk,
sehr geräumig, langer Tisch, Platz für 12 Personen, hell
und freundlich;*

*auf dem Tisch Kaffee, Tee, selbst gemachte Zitronenlimo-
nade und Wasser in Karaffen, Gebäck und Kuchen;*

*entspannte Runde, man ist unter Freunden, offene Ge-
sprächsatmosphäre)*

### Ludwig:

Maximilian hat die Reichsverfassung abgelehnt. Er bewegt sich in den Fußstapfen des preußischen Königs.
Schade! Das hätte ich nicht gedacht.

Die ewig gestrigen Vertreter des Gottesgnadentums
wollen keine Verfassung.

Sie wollen uns die Grund– und Menschenrechte verweigern!

Sie hassen jegliche politische Teilhabe des Volkes.

### Zwischenrufe:

- **Unerhört!**
- **Vertrauensbruch**
- **Verrat!**

Sie treten die Rechte des Volkes mit Füßen.

Die Gedanken an Freiheit und Einheit sind für sie ein Gräuel.

### Müller:
*(Volkskommissar, Schreiber bei Notar Schmidt, glühender Verfechter der Revolution)*

Charakterlos! Politik auf dem Rücken des Volkes!

Gottesgnadentum! Ich lache mich krank! In welcher Zeit leben wir denn.

### Karl Wilhelm (Notar):

Diese Reaktionäre hassen die demokratische Mitwirkung. Wir sind für sie mehr oder weniger rechtlose Untertanen. Marionetten. Sie machen mit uns, was sie wollen.

Grund- und Menschenrechte halten sie für Hirngespinste, an denen der Ludergeruch der Revolution hängt. Waren das nicht auch die frechen Worte des preußischen Königs? Diese Einstellung dürfen wir nicht mehr zulassen. Schon im März 48 haben sie uns Zugeständnisse und Versprechungen gemacht. Ein Jahr danach wollen sie nichts mehr davon wissen.

### Sekretär Müller:
(*hasserfüllt*)

Sie wollen ihre absolutistische Macht auf jeden Fall erhalten.

Lügen, Lügen und nichts als Lügen!

Das Volk soll sich niederbeugen und den Mund halten. Macht vor Recht!

Pfui Teufel! Wer soll ihnen denn noch glauben!

### Notar Schmidt:
(*in ruhigem Ton*)

Jetzt gilt es. Wir müssen für unsere Verfassung kämpfen. Es gibt nur den bewaffneten Aufstand. Das sage ich, obwohl ich Waffengewalt hasse.

### Schreiber Müller:

Endlich seht Ihr die Sache genauso wie ich. Leider haben allzu viele den vagen Versprechungen der Fürstenhäuser geglaubt. Sie haben uns raffiniert eingelullt.

Sie haben auf Zeitgewinn gespielt, weil damals ihre Throne wackelten.

Sie sind allesamt doch nur wortbrüchige Gauner und Rosstäuscher!

Die Märzzugeständnisse des letzten Jahres waren raffinierte Manöver, um uns ruhig zu halten. Sie haben uns ausgetrickst.

Die Reaktion siegt wieder auf der ganzen Linie. Sie haben das Militär als Stütze ihrer verruchten Herrschaft.

Wir müssen notfalls mit Waffengewalt unsere Rechte verteidigen. Zieht euch alle warm an. Viel Blut wird fließen. Die Preußen werden kommen.

Max und der preußische König stecken unter einer Decke. Der Club der Reaktionäre wird wieder unverschämt.

Bald werden ihre Soldaten in unsere pfälzische Heimat einrücken, um uns zu bestrafen.

### Mathilde:
*(emotional)*

Ja, genau das wird passieren. Wir müssen uns unbedingt wehren.

Was nützen juristische Streitigkeiten! Nur im bewaffneten Aufstand können wir die Verfassung durchsetzen.

Wenn wir nicht kämpfen, werden wir zum Opfer fürstlicher Willkür.

### Philipp:
*(ganz aufgeregt)*

Mathilde spricht mir aus der Seele. Wir wollen und wir werden kämpfen. Wir Freischärler haben bei der Fahnenweihe geschworen, unser Blut und unser Leben für die Freiheit unsrer geliebten Heimat einzusetzen.

Wir werden niemals vor den Tyrannen niederknien und ihnen die Stiefel lecken.

Was sollen wir mit einem wortbrüchigen bayerischen König anfangen? Er hat ausgedient.

Freiheit für die Pfalz!

Nieder mit Max, dem Volksverräter!


### Anna:
*(erschrocken und erbost)*

Was ihr da sagt, geht mir entschieden zu weit. Ihr redet euch um Kopf und Kragen.

Täuscht euch ja nicht. Nicht alle Kirchheimer stehen hinter uns.

Wenn nach draußen dringen sollte, was hier gesprochen wird, sind wir verloren. Die Staatsmacht wird uns hart bestrafen. Was ihr sagt, klingt in den Ohren der Monarchisten nach Hochverrat.

Denkt auch an eure Familien. Ihr geht mir zu weit.

Bewaffneter Aufstand! Was für ein kolossaler Unfug! Was für eine Riesengefahr!

Ich könnte heulen. Seid ihr denn von allen guten Geistern verlassen!

*(Anna verlässt wütend das Wohnzimmer. Sie schluchzt und weint. Ludwig will sie trösten und folgt ihr nach. Die Männer geben jedoch nicht bei.)*

39

### Heinrich Rochotte:

Zitz,

Sie können sich unbedingt auf uns verlassen. Die Donnersberger Freischar wird nicht kneifen.

Mein Ehrenwort! Ich weiß, dass auch ihre Leute bis zum letzten Blutstropfen fechten.

Nieder mit den Tyrannen!
Es lebe die freie Pfalz mündiger Bürger in einem geeinten Deutschen Reich!

*(Ludwig kommt zurück.)*


### Ludwig:

Tut mir leid! Anna ist nun einmal sehr emotional. Sie hat Angst, dass wir verlieren und als Aufrührer bestraft werden. Sie meint, dass ich mindestens meine Stelle als Kantonsarzt verlieren könnte, vielleicht sogar auf Jahre mit Kerkerhaft bestraft werde. Sie fürchtet um meine Approbation als Arzt auch ganz allgemein.

Da hat sie einen Punkt, den wir nicht einfach wegwischen können. Doch trotz aller Risiken lassen wir uns nicht von vorneherein einschüchtern, Männer.


### Karl W. Schmitt:

Zitz,

was halten Sie von den Polen? Sie haben ja vor vielen Jahren den Aufstand gegen die zaristische

Unterdrückung gewagt. Den Ausgang kennen wir zur
Genüge. Ihre Tapferkeit hat ihnen leider nichts genützt.
Aber sie haben Europa ein leuchtendes Vorbild gege-
ben.


*(Er wird unterbrochen. Begeisterung lebt auf. Alle erhe-
ben sich und bringen einen Trinkspruch auf die Polen
aus:)*

**Noch ist Polen nicht verloren.**
**Nieder mit dem zaristischen Zwangsregime.**


**Karl W. Schmidt:**
*(fährt fort)*

Die russische Unterdrückung ist schlimmer als je zuvor. Trotzdem hat dieses Heldenvolk die Hoffnung auf
Freiheit vom zaristischen Joch nicht aufgegeben. Der
polnische Nationalismus ist stärker als je zuvor.


*Zitz:*

Ich kenne Reitergeneral *Sznayde* nicht persönlich. Allerdings habe ich gehört, dass er ein kompetenter Offizier sein soll, der sich mit allen Fasern seines Herzens
für Freiheit und Menschenrechte einsetzt.

Seit Jahren kämpft er im Exil für sein Land. Er ist ein
wahrer Idealist und hat schon große, persönliche Opfer
gebracht.

Wir können auf ihn bauen. Sein militärischer Sachver-
stand wird uns helfen, den Tyrannen erfolgreich entgegenzutreten.

Im polnischen Aufstand hat er heldenhaft gefochten. Der Zar hat ihn auf eine Todesliste setzen lassen.

Man hat ihn sicherlich mit guten Gründen zum Oberbefehlshaber der pfälzischen Streitkräfte gemacht.

*Fenneberg* ist ja aus Protest wegen dem Angriff auf Landau zurückgetreten. Man hat ihn leider nicht rechtzeitig informiert. Das war sicherlich ein großer Fehler.

Sznayde wird einen Offizier, *Rouppert*, nach Kirchheim beordern. Er wird unsere rheinhessischen Freischaren führen. Sein Adjutant ist ein Offizier namens *Grabsky*. Auch er soll erfahren sein. Diese Männer sind tapfer und haben sich bereits im Feld bewährt.

Ich denke, dass General Sznayde eine gute Auswahl getroffen hat. Wir sollten den polnischen Offizieren mit Vertrauen begegnen und uns über die Unterstützung freuen.

Hoch lebe das freie Polen!

Nieder mit dem zaristischen Tyrannen!

*(Anna kommt zurück. Sie hat sich wieder gefasst.)*


### Dr. Hitzfeld:
*(vor allem auch seiner Frau zugewandt, um sie weiter zu beruhigen.)*

Na, dann scheint sich die Gesamtlage zu unseren Gunsten zu entwickeln.

Wir haben uns entschieden, für unsere Freiheit zu kämpfen. Wir können nicht mehr zurückweichen, ohne unsere Ehre zu verlieren.

Natürlich sind wir keine Hasardeure, liebe Anna.

Das Recht ist auf unserer Seite.
*Eisenstuck*, der Abgesandte des Parlaments, hat mir unlängst noch einmal versichert, dass wir juristisch abgesichert sind.

Wir sind keine wilden Insurgenten!
Wir vertreten den Willen der Pfälzer!

*(Alle erheben sich auf ein Zeichen von Zitz.)*


### *Alle:*

**Die Pfalz, unsere geliebte Heimat, sie lebe hoch, dreimal hoch.**

**Ein donnerndes Hurra!**


### *Mathilde:*
*(leicht provozierend, aber sehr liebevoll. Sie nimmt Anna um den Arm.)*

Mutter, du machst dir schon wieder zu große Sorgen. Immer artig. Immer nur untertänig. Das gefällt den Fürsten.

Nur so kommen wir nicht weiter.
Wer sind die Schurken? Wir oder sie? Wer bricht das Gesetz? Das Volk oder die Reaktionäre?

**Jakob Müller:**

Frau Hitzfeld,

Ihre Tochter spricht mir aus dem Herzen.
Der bayerische König ist eid- und wortbrüchig.

Mit den preußischen Waffen an seiner Seite lässt er die Lügenmaske fallen.

Jetzt zeigt er sein wahres Gesicht. Ich sehe nur noch eine reaktionäre Fratze.

**Zitz:**

Wozu sind wir da? Wir werden den Bürgern beistehen.
Unsere militärische Stärke ist kein Pappenstiel.

Wir werden nicht feige zurückweichen. Unsere Männer sind zu allem entschlossen.

Die Fürsten werden erkennen müssen, dass man mit Bajonetten allein kein Land regieren kann. Man braucht die Herzen der Menschen.

**Ferdinand Haas:**

Die Liebe ihrer Untertanen haben sie schon lange verspielt.

Pulverdampf liegt ätzend in der Luft.

Ein Hundsfott, der nicht für seine Freiheit kämpft!

**Anna:**
*(immer noch nicht überzeugt)*

Wenn man euch besiegt, wird man euch verhaften und streng wegen bandenmäßiger Insurrektion bestrafen.

Man wird eure Ehre mit Füßen treten. Ihr werdet Hab und Gut verlieren. Auch in Kirchheim gibt es viele Reaktionäre und Opportunisten, die uns eine Niederlage gönnen. Wenn sie es können, werden sie uns in den Rücken fallen.

Es gibt leider keine demokratische Solidarität.

Eure Familien werden in große Not geraten. Viele wird man erschießen oder mit langjähriger Haft bestrafen.


**Carl Schmidt:**

Liebe Anna, mach mal halb so lang. Die Angst ist ein schlechter Ratgeber. Doch noch immer muss Recht vor Willkür ergehen.

Die Könige können nicht tun und lassen, was sie wollen. Sie haben eine klare Verantwortung vor Gott und den Menschen.


**Anna:**
*(nicht überzeugt, schluchzend)*

Ja, vielleicht können wir dann nur noch auswandern. Aber wohin? – Über den gewaltigen Atlantik in das wilde Amerika. Ich muss mich schütteln, wenn ich daran denke.

Seid ihr euch bewusst, welche Risiken ihr eingeht?

Glaubt ihr wirklich, dass ihr gegen reguläre Truppen der Könige und Fürsten gewinnen könnt?

### Heinrich Bechtelsheimer:

Was Anna sagt, kann man nicht einfach beiseiteschieben. Es steht Spitz auf Knopf.

Wenn die Bayern und die Preußen mit Heeresmacht in die Pfalz einmarschieren sollten, haben wir nichts zu lachen.
Auch ich bin skeptisch, ob die nicht kampferprobten Freischaren erfolgreichen Widerstand leisten können.

Vielleicht bricht alles wie ein Kartenhaus in sich zusammen, und das Strafgericht folgt auf dem Fuße.

### Ludwig Ackermann:

Ich bin ebenso besorgt wie Heinrich. Ein erheblicher Teil der Bevölkerung will nichts riskieren. Kirchheim darf nicht zerstört werden. Der Preis für den Freiheitskampf ist vielen einfach zu hoch.

Was hat man von der freiheitlichen Verfassung und der politischen Teilhabe, wenn alles in Scherben fällt, wenn das Heim zur Brandruine wird und Frau und Kinder kein Dach über dem Kopf haben.

## Mathilde:

*(beschwichtigend, aber energisch und zunehmend emotional; zum Schluss versagt ihr die Stimme.)*

So kommen wir nicht weiter. Dann können wir uns ja gleich unterwerfen und alles bleibt beim Alten.

Freiheit, Einheit und Menschenrechte - alles nur ein Traum, der geplatzt ist wie eine bunte Seifenblase.

Haben wir uns Illusionen hingegeben? Sollen auch spätere Generationen nur von der Freiheit träumen, aber die tägliche Unterdrückung und Ausbeutung hinnehmen, um den „guten" Frieden zu bewahren?

*(Mathilde kann ihre Tränen nicht zurückhalten. Philipp legt ihr liebevoll den Arm um die Schulter.)*

## Philipp:

Wir dürfen uns nicht vorschnell unterwerfen. Überall gärt es. In Baden, so hört man, steht die Staatsmacht mit dem Rücken zur Wand. Der Großherzog ist mit einigen Offizieren geflohen.

Im benachbarten Ausland verfolgt man aufmerksam die politische Entwicklung.

Mal abwarten, wie die Franzosen sich verhalten. Es gibt bereits ernsthafte Angebote aus dem Elsass, uns zu unterstützen.

Auch die Schweiz ist klar auf unserer Seite.

Noch ist unsere Sache nicht verloren. Doch wir dürfen nicht wanken und weichen.

Wir stehen nicht allein.

### Zitz:

Jetzt, wo der Entscheidungskampf beginnt, dürfen wir die Flinte nicht gleich ins Korn werfen.
Wir wären Verräter an der eigenen Sache.

Ich werde keine feige Waffenstreckung dulden. Ich werde rücksichtslos gegen alle Miesmacher und Defätisten vorgehen.

Falls der Befehl zur Verteidigung Kirchheims kommen sollte, werde ich ihn mit allen Mitteln durchsetzen.
Das bin ich meiner Ehre als Kommandant schuldig.

### Dr. Hitzfeld:
(beschwichtigend)

Noch ist unsere Herzenssache nicht verloren. Ich glaube, dass wir eine faire Chance haben, unser Verfassungsanliegen in der einen oder anderen Form durchzusetzen.

Vielleicht können wir den Fürsten einen Verständigungsfrieden aufzwingen. Im März 48 sind viele kompromissbereit gewesen und sind auf liberale Forderungen eingegangen. Sie haben damals fortschrittliche Minister einberufen. Doch leider hat sich der Wind bald wieder gedreht.

Ich weiß, dass sich die Geschichte nicht wiederholt.

Trotzdem bin ich davon überzeugt, dass wir noch Trümpfe in den Händen halten.

Unsere Herzen sind stark. Wir brennen für unsere demokratische Verfassung.

**Die schöne Pfalz, sie lebe hoch!**

*(Alle verlassen, sich herzlich verabschiedend, von patriotischen Gefühlen gestärkt, das Wohnzimmer der Hitzfelds.*
*Einige sind dennoch verunsichert. Ihre Skepsis drückt sich in ihrem Mienenspiel aus.)*

# 2. Szene

## Die offene Gartenlaube der Hitzfelds
*lauer Sommerabend*


### Mathilde:

Ich bin wütend und erstaunt zugleich. Scheinbar sind die Bürger hin- und hergerissen zwischen Widerstand und schändlicher Kapitulation.

Vor allem macht der reformierte Pfarrer gegen mich und indirekt auch gegen den Märzverein Stimmung. Er hasst den Notar Schmidt und sieht in ihm die Wurzel allen Übels. Bei meinem Vater ist er vorsichtiger in seinen Äußerungen. Er weiß, wie beliebt er bei den Kirchheimern ist. Nun gut, vielleicht schätzt er auch sein karitatives Engagement.

Angeblich wollten wir mit allen Mitteln die Gehorsamspflicht gegenüber der Monarchie zum Einsturz bringen. Das ist ein kolossaler Unfug. Damit zeigt er ja nur, dass er von unseren Zielen keine Ahnung hat.

Nach seiner reaktionären Meinung entstammen unsere schädlichen Vorstellungen dem Teufelsgebräu der Jakobiner. Wohin das Ganze geführt hat, konnte man ja in der Schreckensherrschaft sehen. Robespierre und die blutverschmierte Guillotine lassen grüßen!

**Philipp:**

Machen wir uns nichts vor. Die Kirchheimer stehen keineswegs geschlossen hinter uns.

**Mathilde:**

Ich bin ziemlich niedergeschlagen und könnte einfach nur losheulen. Sie verstehen einfach nicht, dass wir für die Freiheit und Menschenrechte eintreten gegen die Willkür der Tyrannen.

Vor allem enttäuschen mich die Frauen, die sich alles gefallen lassen und ihren Männern die Stiefel putzen. Die Gleichberechtigung ist längst überfällig. Wovor haben die Frauen eigentlich Angst? Warum kämpfen sie nicht energisch für ihre Rechte?

**Philipp:**

Wir dürfen uns nicht selbst belügen. Viele Mitbürger wollen keine Opfer bringen, auch wenn sie uns das trügerische Gefühl geben, auf unserer Seite zu stehen. Meistens sind das nur Lippenbekenntnisse.

Manche lehnen unsere Ideen schlichtweg ab. Du solltest mal hören, was in manchen Kneipen in wein- und bierseliger Runde über uns geredet wird. Da kann man sich nur noch an den Kopf fassen.

Das Thema der Frauenrechte haben sie überhaupt nicht auf dem Schirm. Ja, sie machen sich über politisch engagierte Frauen in unverschämter Weise lustig.

Da stehst du, liebe Mathilde, leider allein auf weiter Flur.

## Mathilde:
(*zornig*)

Na klar. Es ist ja so bequem, die Frauen in einer dienenden Rolle zu halten. Der Haustyrann als der große Pascha! Da kann ich nur lachen.

Dieser Kanzelreaktionär geht mir mächtig auf die Nerven. Wenn er doch nur sein Schandmaul halten würde! Es ist einfach widerlich, was er zusammenfantasiert.

Letzten Sonntag hat er wieder gegen den angeblichen Unfug über die politische und soziale Gleichstellung der Frauen mit ihren Männern gewettert.

Für ihn hat die Frau den Haushalt zu besorgen und die Kinder groß zu ziehen. Ja, sie ist und bleibt für ihn das Heimchen am Herd!

Der Mann soll hinausgehen und das Geld verdienen. Somit ist die Frau von ihm abhängig und daraus folgt die Unterwerfung unter den Willen ihres Ehemannes.

## Philipp:

Er macht sich immer mehr zum Sprachrohr der Reaktion. Als Pfarrer sollte er neutral sein und sich aus der Politik ziemlich heraushalten.

Ja, die Kirchheimer stehen keineswegs geschlossen hinter uns. Sie haben Angst um das Wohlergehen ihrer Familien. Das ist verständlich.

Ich weiß nicht, ob ich vielleicht so unterwürfig denken würde, wenn ich bereits ein Familienvater wäre und eine Kinderschar zu versorgen hätte. Wie dem auch sei! Ich missbillige ihre Einstellung! So werden wir niemals freie Bürger. Ohne Freiheit gibt es keine Menschenwürde. Sollen wir denn ewig rechtlos bleiben?

Sie verhalten sich kurzsichtig. Feigheit vor dem Feind ist keine Option.

Im Grunde sind sie elende Kleinkrämer!

### Mathilde:

Ja, wenn es hart auf hart geht, kneifen sie. Sie werden weiße Fahnen aus den Fenstern hängen und uns verraten. Carl Gießen unser ambitionierter Liberaler an erster Stelle! Manchmal meine ich, dass er ein verkappter Monarchist ist.

### Philipp:

Vielleicht werden einige Verräter sogar gegen uns aussagen.

Auf diese Weise werden sie versuchen, den Tyrannen zu gefallen. Sie biedern sich als loyale, brave Bürger an, um straffrei zu bleiben und um vielleicht noch den Judaslohn wegzustecken. Wir sind dann die Dummen, denen man ans Leder geht.

**Mathilde:**

Philipp, das ist mir restlos klar. Ich frage mich daher, ob wir nicht schon jetzt auf verlorenem Posten stehen? Der Feind ist im Anmarsch. Auf solidarisches Handeln dürfen wir nicht hoffen. Viele sind eingefleischte Monarchisten und hassen uns Demokraten.

Haben wir noch eine faire Chance, unsere Herzensanliegen durchzusetzen?

Du kennst deine Kameraden, die Freischärler. Werden sie wirklich bis zum letzten Blutstropfen kämpfen?

Die Bürgerwehr wird nur eine geringe Rolle spielen. Auf sie kann man sich nicht unbedingt verlassen. Sie werden nicht gegen die Obrigkeit kämpfen. Die Liberalen sind sich leider nicht einig. Schade, dass Dr. Glaser, ein wahrer Patriot und brennender Liberaler, so früh verstorben ist. Er war ein zuverlässiger Mensch und hatte ein kämpferisches Herz.

**Philipp:**
*(zustimmend, rückt näher an Mathilde heran, um ihr zu zeigen, dass es ihm an diesem schönen Abend nicht nur um die Politik geht. Er streichelt etwas verlegen ihre Hand.)*

Ja, manche drehen ihre Fahne schnell nach dem Wind. Du hast recht. Ich würde diese Haltung jederzeit auch Carl Gießen unterstellen. Vielleicht ist er einfach nur ein Opportunist. Zumindest ist er nicht opferbereit.

Die Ansichten unseres reaktionären Pfarrers teilt er nicht immer. Da ist er geistig zu unabhängig.

Freiheit ist für ihn auch ein hohes Gut. Nur will er sie auf anderen Wegen erreichen. Er glaubt nicht an den bewaffneten Kampf. Der Preis für den Aufstand ist ihm entschieden zu hoch. Seine Frau ist eher auf unserer Seite.

### Philipp:

Meine Kameraden sind zuverlässig. Es sind glühende Verfassungspatrioten. Für sie lege ich meine Hände ins Feuer. Sie werden alles tun, um den Feind aufzuhalten.

### Mathilde:

Ja, davon bin ich auch überzeugt.

Werden sie sich allerdings gegen reguläre Soldaten durchsetzen können? Da bin ich mir nicht sicher.

### Philipp:

Die Preußen sind mit modernen Waffen ausgerüstet. Das ist ihr großes Plus. Zitz hat mir reinen Wein eingeschenkt. Trotzdem hat er keine Angst. Er hält sie nicht unbedingt für militärisch überlegen.

Wir verlangen die Freiheit und die Verfassung. Nur so werden wir erst zu Bürgern in unserer geliebten Pfalz. Wo ist denn unser Vaterland, wenn sie uns wie rechtlose Untertanen traktieren?

Notfalls wollen wir für die Demokratie und das Menschenrecht sterben.

Ihre Soldaten stehen im Sold der Reaktion. Sie kämpfen für die falschen Ziele. Doch, um es mit dem NT zu sagen, *„denn sie wissen nicht, was sie tun."*

### Mathilde:

Bamberger ist skeptischer als Zitz. Er war sehr aufrichtig, als mein Vater ihn gestern wegen seines Magenleidens behandelte.

Er setzt mehr auf Zeitgewinn als auf Sieg. Er glaubt immer noch fest daran, dass die Mehrheit des Volkes zu uns übergeht und uns den Rücken stärken wird. Hoffentlich behält er recht. In Baden gibt es ja schon so etwas wie eine Volksbewegung. Also ein reiner Tagträumer ist er nicht.

### Zivilkommissar Müller:
(skeptisch)

Da wäre ich mir nicht so sicher, liebe Mathilde, wenn ich an so manche Mitbürger denke.

Einige stehen klar auf der anderen Seite und machen aus ihrer Einstellung keinen Hehl. Manche hassen uns für unsere Überzeugungen.

Sie wünschen uns eine krachende Niederlage.

## Mathilde:

Wir wissen nicht genau, wer auf unserer Seite steht. Viele sind unsichere Kantonisten und warten erst einmal ab.

Sicherlich haben wir auch eingeschworene Feinde, die uns in den Rücken fallen werden.

Zitz sagte ziemlich offen, dass die neuen Zündnadelgewehre der Preußen besonders gefährlich werden könnten. Sie schießen schneller als unsere Vorderlader. Das würde sich verheerend bei einem Sensenangriff auswirken.

## Philipp:

Das stimmt. Aber sie tragen nicht so weit, wie unsere Vorderlader. Man hört, dass die Durchschlagskraft der Geschosse gering ist. Doch es gibt größere Risiken als unsere Gewehre.

Leider haben wir keine nennenswerte Kavallerie. Die brutalen Ulanen werden versuchen, uns niederzutrampeln.

Aber noch schlimmer ist die Überlegenheit der preußischen Artillerie.

Aus Geiz und aus Verblendung hat unsere Führung nicht rechtzeitig Kanonen aus dem Ausland besorgt. Die Franzosen und Belgier hätten jederzeit geliefert.

Unsere Ausrüstung in Kirchheim ist verheerend. Wir haben nur wenige Rohre. Die *Katzenköpfe*, die ich im Schlosshof sehe, sind ein Witz.

*Katzenkopf,*
*(Original im Museum im Stadtpalais Kirchheimbolanden)*
*(Fotografiert und bearbeitet von K. Betzen)*

### Mathilde:

Na, dann gute Nacht!

Wenn ich das alles bedenke, haben wir keine faire militärische Chance. Und doch habe ich den festen Glauben an unseren Sieg noch nicht verloren.

Wir dürfen uns nicht ins Bockshorn jagen lassen!

Auch David hat Goliath besiegt, weil Gott mit ihm war.

Mit uns ist das Recht. Das kann man nicht einfach kleinreden. Wir müssen auf Zeitgewinn setzen und die Herzen der Menschen für uns gewinnen.

**Philipp:**
*(räuspert sich lange und intensiv.)*

Wenn ich ehrlich bin, habe ich starke Zweifel, dass wir uns militärisch behaupten können. Aber ich teile deine Ansicht. Kein Krieg wird nur militärisch gewonnen.

Die Geschichte lehrt, was Opferbereitschaft, ja, nennen wir es Fanatismus, bewirken kann?

Ich denke an das Volksheer, das einst die französischen Revolutionäre gegen die mächtigsten und schlagkräftigsten Truppen Preußens und Österreichs ins Feld geführt haben.

Valmy und vor allem die Volkserhebung haben sie aufgehalten.

Die Franzosen waren schließlich siegreich auf dem Schlachtfeld.

**Mathilde:**

Ja, genau! Ihr glühender Patriotismus, für das geliebte Vaterland und die Errungenschaften der Revolution notfalls die Gesundheit und das Leben aufs Spiel zu setzen, hat ihnen den Sieg beschert.

Ihr unerschütterlicher Glaube und ihre Tapferkeit haben die Revolution gerettet.

**Philipp:**
(*zustimmend*)

Wunder gibt es immer wieder. Könnte sich dieses Wunder nicht wieder ereignen, und zwar hier in unserer geliebten Pfalz, in unserem Kirchheim?

**Mathilde:**
*(sichtlich etwas mehr gefasst.*
*Sie zieht Philipp liebevoll an sich und schaut ihm tief in die Augen.)*

Was du eben gesagt hast, macht mir Hoffnung. Ja, vielleicht können wir sie aufhalten. Wir brauchen keinen spektakulären Sieg. Zeitgewinn ist alles.

Vielleicht erkennen viele preußische und bayerische Soldaten, dass sie auf der Seite der Unterdrücker stehen und gehen zu uns über.

**Philipp:**

Ja, genau das brauchen wir.

**Mathilde:**

Schon jetzt gibt es in Baden und auch in Bayern Überläufer, die ihren kolossalen Irrtum einsehen.

Sie haben erkannt, dass sie auf der falschen Seite stehen. Vielleicht ziehen auch die Pfälzer bald hieraus die richtigen Schlüsse.

Warum soll man vor den Tyrannen kriechen? Das Volk ist ihnen ziemlich egal. In Baden unterstützt das Militär die Freiheitsbewegung. Es kann und es wird auch hier geschehen. Der Funke wird überspringen.

*(Philipp nimmt Mathilde in den Arm und drückt sie an seine Brust.)*

### Philipp:

Wenn ich davon überzeugt wäre, dass alles keinen Zweck hätte, dass unser Widerstand sinnlos wäre, würde ich meine Freischärler-Uniform verbrennen und das Gewehr schleunigst im Garten vergraben.

Ich glaube fest daran, dass wir unsere politischen Forderungen durchsetzen können. Wir brauchen keinen glänzenden Sieg auf dem Schlachtfeld.

### Mathilde:

Du hast recht. Wir dürfen nicht nur auf die militärische Karte setzen.

Blut kann nicht ewig fließen. Die Fürsten müssen irgendwann verhandeln. Sie können keine verbrannten Länder hinterlassen.

Sie würden sich den Hass der Menschen für Generationen zuziehen. Das können sie sich nicht leisten.

Der März 48 steckt ihnen noch in den morschen Knochen. Sie haben damals gesehen, wie schnell ihre Throne wackeln.

### Philipp:

Ja, sie stempeln uns ab zu Verrätern am Vaterland. Das Gegenteil aber ist der Fall.

Halten sie uns nicht für dreiste, vollkommen unrealistische Träumer und politische Fantasten, die sie schnell zur Vernunft bringen können?

Ich glaube nicht, dass sie einen hohen Preis bezahlen wollen. Sie werden zu einem bestimmten Zeitpunkt Kompromisse schließen, jedoch nicht, wenn wir vorzeitig aufgeben. Nur wenn wir zeigen, was in uns steckt und wir uns wehren, werden sie uns respektieren.

### Mathilde:
*(küsst Philipp auf die Wangen und dann innig auf den Mund.)*

Du bist mein Held. Ich weiß, dass du bereit bist, alles zu geben.

Philipp, ich liebe dich. Ich brauche dich mehr denn je. Bitte, drück mich noch einmal ganz fest an dich. Es ist mir egal, ob es meine Eltern sehen. Sie wissen ja, was ich dir bei der Fahnenweihe in aller Öffentlichkeit versprochen habe. Sie stehen fest hinter mir.

Mein Vater ist stolz auf dich. Er sieht dich schon als seinen künftigen Schwiegersohn.

*(Philipp führt Mathilde ins Haus zurück. Er verabschiedet sich höflich von Anna und Ludwig und tritt auf die Straße hinaus, die schon menschenleer ist. Mathilde winkt ihm aus dem geöffneten Fenster im Obergeschoß zu. Man merkt ihm an, dass er verliebt ist. Leise pfeift er vor sich hin:*

*Die Gedanken sind frei. ...*

*Er unterbricht sein Lied, als er den reformierten Pfarrer sieht, der mit finsterer Miene um die Ecke schleicht. Hat er gelauscht?)*

# 3. Szene

## Chormannscher Saalbau in Kirchheim

*(Zitz berichtet über den Kriegsrat in Neustadt am 11. Juni (Schlinke, Blenker, Zitz) und die militärische Gesamtlage*

*Zitz, Bamberger, Müller, Dr. Hitzfeld, Reinhard Becker (Bürgermeister), K. W. Schmidt, Franz Haas, Rochotte auf der Tribüne*

*Im Publikum: Mathilde und Philipp*
*Hinter der Tribüne an der Wand eine große Pfalzkarte;*

*Kirchheimer Bürger, bunt gemischt, Männer und Frauen;*

*Unruhe, lauter Wirtshauslärm)*


### Alter Mann:
*(angetrunken zu einem jungen Mann aus der Bürgerwehr)*

Horsch emol. Ich glaab nett, dass di ä Chance hawe. Wann di Preise kumme, mache se in di Bux. Wersch schunn säe, wass dodebei e rauskummt.

Kerschem geht druff. Di hänge di Maulhelde an di näxschte Beem.


### Gustav:
*(leicht verärgert über das Gerede des Alten)*

Dess weesch grad du. Do hosch schunn zu feel Schoppe geschtoch unn babbelsch noor dohär.

Behalls fer disch. Isch wills net heere.

## Ältere Frau:

De Kall hot rescht. Wi wolle di gesche de Preis unn de Bayer Kerschem feteidische. Mid äre paa Grummsääwel unn alde Flinde. Dess isch doch ä schleschte Wids. Eer wenn's sähe. Di renne wie di Haase, wann's rischdisch gracht.

*(Zitz erhebt sich. Müller schlägt mit einem Holzhammer mehrfach auf den Tisch. Ruhe kehrt ein.)*

## Zitz:

Verehrte Kirchheimer Bürger,
meine Damen und Herren,

Wir wollen Ihnen heute einen umfassenden Bericht geben über die Entwicklung der politischen und militärischen Lage.

Sie sollen ungeschminkt erfahren, wie unsere Heimat durch die Tyrannen bedroht wird. Die Preußen marschieren an den Grenzen der Pfalz auf. Sie ziehen ihre Truppen zusammen und bedrohen uns.

Aber Sie sollen auch wissen, dass wir nicht klein beigeben werden.

### Alter Mann:

Hört, hört. Widerstand um jeden Preis? Werden sehen, was dabei rauskommt.

### Junger Freischärler:
*(erbost über den Alten)*

Lassen Sie Zitz reden. Die Miesmacherei können Sie für sich behalten.

### Zitz:

Die Truppen der Tyrannen stehen unmittelbar an den Grenzen unserer geliebten Pfalz. Sie können zu jeder Zeit von Kreuznach aus einrücken.

Die preußischen Bluthunde wollen für den bayerischen Eidbrecher das schmutzige Geschäft übernehmen. Sie wollen zuerst uns und dann unsere badischen Verbündeten zerschmettern.

### Bamberger:

Max hat sie angeblich nicht dazu eingeladen. Sie wollen es aber trotzdem machen, weil sie jeden demokratischen Fortschritt hassen und sich zur Bundeshilfe verpflichtet sehen.

Wir werden es mit einem Gegner zu tun haben, für den wir verbrecherische Insurgenten sind.

Sie werden keinen Pardon geben, sondern uns wie Kriminelle behandeln.

## Zitz:

Verehrte Bürger,
meine tapferen Damen und Herren,

wir werden unsere Waffen niemals strecken. Wir werfen uns vor dem Feind nicht in den Staub.

Unsere Parole lautet: Notfalls Kampf bis zur letzten Patrone! Wir werden, falls es denn sein muss, mit Säbeln und Äxten gegen sie fechten.

Wenn wir kapitulieren, haben wir nichts, rein gar nichts zu erwarten. Sie werden uns in Ketten legen, quälen und zumindest unsere Anführer mit dem Tode bestrafen.

Wenn wir aber ihnen mutig entgegentreten, haben wir die Chance, unsere politischen Ziele durchzusetzen.

Am Ende winken uns die Freiheit und die endgültige Anerkennung der Verfassung.

Wir wissen also, wofür wir notfalls bis zum letzten Blutstropfen kämpfen.

*(Einige junge Freischärler springen auf und schreien begeistert in die Menge:)*

**Freischärler:**

**Freiheit für die Pfalz!**
**Nieder mit den Tyrannen!**
**Es lebe ein einiges und freies Deutschland!**


### Johann Krehbiel:
*(vom „Donnersbergerhof" lehnt die bewaffnete Auseinandersetzung mit der Monarchie ab. Er bringt auch den Freischaren wenig Sympathien entgegen und sieht eine krachende Niederlage gegen die regulären Truppen und üble Konsequenzen für Kirchheim und die ganze Pfalz voraus.)*

Zitz,
du hosch guud redde, waarde mer mol ab, wi dess ganze noch kummt. Glaabt eer werklisch, dass eer di Preise unn noch di Zwockel uffhalte kennt mit eiere paar lumbische Forderlader unn denne Katzekepp.

Do lache doch di Hinkel.

Noch nett e paar stunn kennt er Kerschem feteidische.

Di werrn aisch jache und reiße aisch di dolle Kepp ab.

Dess gebbt e kataschtroof fer Kerschem unn die Pals.
Di brenne uns unser schee schtettsche ab.

Eer kennt se nett uffhalle
E großes Maul und nix iss dehinner.
Mer duun jetz schunn di aame Leidscher läd, di wesche aier greesewaan alles verliere wärn.

Pfui Deiwel!

68

**Müller:**

(*stürmt von der Tribüne nach vorn, bedroht Krehbiehl und schreit ihn an.*)

Uff so ääner wi disch hemmer gewaad. Du bisch e Defätist und Folksverääder. Hall doi Maul. Du babellsch vunn Sache doheer, unn hosch kää aanung. Schaff disch fort.

**Krehbiehl:**

(*wehrt sich energisch gegen die Vorwürfe.*)

Bezaal merr liewer di reschnung. Dai tapfere freischaare hann märr alles uffgefress unn di letsch flasch woi gesoff uff maim hoof. Isch brauch moi geld. Isch will äärlisch bezaald werre. Isch loss misch vun däär nett aischischderre.

Was glaabsche, wäär du bisch.

(*Beherzte Bürger reißen die Kontrahenten auseinander, bevor der Streit aus dem Ruder läuft. Müller reagiert immer noch cholerisch und beruhigt sich kaum.*)

**Zitz:**

(*fährt trotz des Tumults in ruhigem Ton fort und zeigt auf eine große Pfalzkarte.*)

Bürger,

Es kann sein, dass der Feind schon heute die Grenzen der Pfalz überschreitet. Kirchheim wäre demnach in kürzester Zeit einem Angriff der Preußen ausgesetzt.

Der Feind steht unmittelbar vor unserer Tür. Vielleicht ist das schon morgen der Fall. Das aber verpflichtet uns, nicht feige wegzurennen, sondern unsere geliebte Heimat mit allen uns zur Verfügung stehenden Mitteln zu verteidigen.

### Krehbiehl:
(*schreit erneut in den Saal.*)

Joh, willsche mit doine Sensemännär disch gesche di Ulane stelle. Di drampeln aisch in de Borm odder schtesche aisch ab.

Wass iss dess ferre kwatsch. Sensemännär wi im Baueregriesch. Meer duun di junge Kärlscher läd, di kaa schaas hawe unn fer so en uufuch druffgehe. Unn dann erscht die naie Gewääre. Di Preise hann e naie Schießteschnig. Si hawe Padroone, di merr vunn hinne lade kann. Merr kann soo veel schneller schieße. Di kenne di Sensemännä schunn  vunn hunnerde vunn metär abknalle.

(*großes Gelächter und ernste Besorgnis im Saal, Zustimmung für Krehbiehl*)

### Maria:
(*Bauersfrau aus Bischheim*)

Johann, du siehsch dess rischdisch. Mai Kallsche iss aach bai de Sensemännä. Isch hab soo geschennt middem. Awer eer hott meerr nett geheerd. Sain fraind hott'n ganz veriggt gemacht.

Isch habb kä ruuh mää. Di preise wärrn se umbringe. Meer hott uns beloche. Mai aarm Buubsche. Wann äär doch noor dehaam wäär, selbscht als Krippel wäär äär merr rescht.


### Zitz:
*(unbeeindruckt von der zunehmend kritischen Haltung der Kirchheimer)*

Langsam Bürger,
es kann sein, dass wir den Befehl bekommen, Kirchheim kampflos dem Feind zu überlassen. Dann fällt kein Schuss und wir ziehen uns langsam an der Haardt entlang nach Neustadt zurück.

Wir werden dann längs des Rheins eine Front aufbauen. Dort können wir mit der Unterstützung der regulären badischen Truppen lange halten. Das ist unsere große Chance.

Die Tyrannen müssen sich dann entscheiden, ob sie mit uns verhandeln wollen oder nicht.

Die Zeit arbeitet für uns. Die Menschen werden ihre schuftigen, reaktionären Pläne durchschauen.

Wir Freischaren wollen die Einheit, Freiheit und Menschenrechte. Sie aber stehen für Unterdrückung und die feudalistische Ausbeutung der Vergangenheit.

Sie sind die Reaktion, wir sind der Fortschritt.

Es gibt keinen Weg zurück.


*(Applaus für Zitz, junge Freischaren und Männer der Bürgerwehr führen die Sprechchöre an)*:

- **Nieder mit der Tyrannei!**
- **Schluss mit der Fürstenwillkür!**
- **Schlagt die Reaktionäre tot!**
- **Fürstenblut muss fließen!)**


**Mathilde:**
*(ruft aufgebracht von hinten in die Versammlung.)*

Recht vor Unrecht! Keine Unterwerfung vor den Volksverrätern.

Die Jugend will die Verfassung um jeden Preis. Wir sind keine feigen Duckmäuser.

Wir wollen ein menschenwürdiges Leben in Freiheit führen.


**Philipp:**

Mathilde spricht uns aus dem Herzen. Wir werden nicht weichen, bis man die Verfassung anerkennt.

Wir wollen endlich frei sein, mit oder ohne König, mit oder ohne Bayern!

*(Hurrarufe, donnernder Applaus!)*


**Zitz:**

Es kann aber auch passieren, dass wir die Stadt und die Umgebung verteidigen müssen. Unsere Lage ist schwierig, aber nicht militärisch aussichtslos.

Blenker und Schlinke werden mit tausenden Kämpfern heranrücken.

Wir könnten so die Oberhand gewinnen.

Wir fechten für unsere Ehre und unsere Freiheit.
Ohne Opfer an Blut, Gut und Geld wird es nun einmal nicht gehen.

Allerdings dürfen uns die Kirchheimer Bürger nicht in den Rücken fallen. Wir erwarten ein Mindestmaß an Solidarität. Saboteure werden streng nach dem Kriegsrecht bestraft.

Scheinbar aber leiden einige an einem krankhaften Gedächtnisschwund. Sie stellen sich verräterisch gegen uns und wollen die Stadt kampflos übergeben. Haben sie schon vergessen, was sie im März 48 beschworen haben? Dr. Glaser, ein glühender Kirchheimer Verfassungspatriot, würde sich im Grab herumdrehen, wenn er diese feige Haltung mitansehen müsste.

Wie kann man nur so verrucht sein?

Durch Unterwerfung erreicht man nichts. Ich sage es einmal ganz brutal. Ich werde keine weißen Fahnen dulden. Ich habe meine Befehle und werde keinen Eidbruch begehen.

Bei meiner Ehre, Defätisten und Volksverräter werden mich kennenlernen.

**Carl Gießen:**
*(entschieden gegen die Verteidigung der Stadt)*

Zitz,
was Sie vorhaben, ist völlig sinnlos. Die Preußen werden unser schönes Kirchheim niederbrennen.

Wir haben ihrer Heeresmacht nicht viel entgegenzusetzen. Sie werden uns einfach überrennen.

Wir wollen nicht, dass unsere Frauen und Kinder wegen eurem Wahnwitz leiden. Sie sollen eine gute Zukunft haben.


**Zustimmungsrufe von einigen Bürgern:**

- **De Kall hot rescht.**
- **Kerschem kammer net verdeidische. Di Preise sinn zu sterk. Di hawn Kawallerie und Kanone. Di paar Katzekepp kammer vegesse.**
- **Di Preise brenne unser Kerchem nidder. Di schlache alles korz und klee.**
- **Meer zien di Arschkaard.**


**Gießen:**

Max möchte ein vom Volk geliebter König sein. Er wird seinen Untertanen Zugeständnisse machen, auch wenn er von der Verfassung des Frankfurter Parlaments nichts wissen will.

Momentan steht er auch stark unter dem Einfluss des reaktionären preußischen Königs.

Wir brauchen nur die nötige Geduld. Ja, es ist richtig. Die Zeit arbeitet für uns.

*(Eine alte Frau schreit hysterisch.)*


### Gertrud:

Zitz.
Kerschem iss verlore, wann di Freischare sisch gesche di Preise schtelle. Dann brennt unser scheenes Kerschem.

Unn fer wass? Fer aier äär? Fer aier drääm?

Isch kanns nett heere. Di aarme kinnerscher, di kä zukunfd hawe.

Scheemt aisch.


### Zivilkommissär Müller:
*(wutentbrannt zischelt zu Zitz.)*

Zitz,
soll ich die Aufrührer und Miesmacher verhaften lassen. Ihre Hetze gefährdet unsere Verteidigung. Wir dürfen diese verräterische Haltung nicht dulden.

### Zitz:

Nein, auf keinen Fall. Wir haben für diese Versammlung absolute Redefreiheit garantiert. Es bleibt dabei. Wir brechen niemals unser Wort. Die Demokratie lebt vom

Vertrauen der Bürger. Das muss uns heilig und unantastbar sein.


*(Die Versammlung endet unbefriedigend und chaotisch. Es wird klar, dass die Bürgerschaft nicht geschlossen hinter den Freischaren steht. Das wirft einen düsteren Schatten auf die kommenden Geschehnisse voraus. Alle gehen ab.)*

# 4. Szene

## Die Preußen rücken in die Pfalz ein.

## Das Gefecht bei Morschheim

### Hauptquartier der rheinhessischen Freischar, Weilburger Schloss,

*(Zitz berichtet vor zahlreichen Kirchheimer Bürgern, Bürgermeister, Stadträten und Offizieren der Bürgerwehr über den ersten militärischen Zusammenstoß einer Freischar- und Bürgerwehrabteilung unter seinem und Bambergers Kommando.*

*Großes Gedränge, Überfüllung des Raumes, Kirchheimer Bürger in den Fluren und vor den Fenstern; knisternde Spannung)*

### Zitz:
*(noch sichtlich erregt von den Geschehnissen, berichtet mit sich überschlagender Stimme über das erste Gefecht.)*

Wir sind nach den ersten Gerüchten über den Einmarsch preußischer Truppen aus Kreuznach nach Morschheim ausgerückt, um die Lage zu erkunden.

Mit großer Verwunderung trafen wir auf Männer der Vorpostenkompanie. Sie wichen scheinbar vor dem Feind zurück.

Warum, verdammt nochmal, hatten sie ihre Posten verlassen?

### Ein junger Freischärler:

Feige Hunde! Wo bleibt der demokratische Kampfgeist? Wegrennen, wenn's brenzlig wird!

### Zitz:

Waren es verruchte Deserteure, die aus Feigheit vor dem Feind Fersengeld gaben?

Wir hatten den Verdacht, dass es sich um ehrlose, unzuverlässige Subjekte handeln könne, die man arrestieren und bestrafen müsse.

### Bamberger:
*(Adjutant von Zitz fährt fort.)*

Wir fragten sie nach dem Grund für ihren Rückmarsch. Schnell erkannten wir, dass nicht die Männer, sondern ihr unfähiger und unerfahrener Offizier die Schuld am militärischen Versagen der Freischärler hatte. Das erste Treffen zwischen den Preußen und den Freischaren endete, wie wir bald erfuhren, in einer Katastrophe.

### Müller:

So ein Versager sollte kein Kommando haben.
Er kann niemals ein Vorbild sein.
Feiger Hundsknochen!

### Bamberger:

Wie konnte der Hauptmann nur so naiv sein und die gewöhnlichen Vorsichtsmaßregeln einer Vorhut versäumen?

Man kann sich nur die Haare raufen, dieser Dummkopf.

Er ließ die ganze Kompanie unter Trommelschlag auf Morschheim marschieren.

So gerieten sie direkt in einen Hinterhalt der Preußen und entgingen nur knapp ihrer Vernichtung.

Plötzlich fiel eine Salve. Durch diesen Wahnsinn verlor ein Mann sein Leben und zwei weitere wurden verletzt.

Da die Gefahr bestand, von Ulanen in schnellem Ritt umgangen und niedergemacht zu werden, flüchteten einige durch das hohe Korn zurück nach Kirchheim. Sie hatten Glück. Sie wurden nicht weiter behelligt und rechneten diesen Umstand ihrer Tapferkeit zu. So wie sie es sehen, haben sie die Preußen in die Flucht geschlagen. Wer's glaubt, wird selig!

Ich begreife diese Unfähigkeit, ja das kolossale Versagen des Hauptmanns nicht. Man sollte diesen Dilettanten, der das Leben und die Gesundheit so vieler Männer unnötig aufs Spiel setzte, vor ein Kriegsgericht stellen.

### Alter Mann:
(*ruft erbost in die Menge hinein.*)

Baim Chormann sitzt err middem Schwalbach unn Uhler unn sauft een schoppe woi nooh demm annere. Wass err saaht, isch vunn aafang a geloche. Eer dud soo, alls ob eer de grosse held wär. Fier odderr finf preise hetter inn de flucht geschlah. Zwaa vunn denne läsche jetzert dood im Kornfeld. Di annere preise wärn gerennt wi di haase. Allaa fufzee hetter gezählt.

Där gebbt aa wi e tutt vollä zee nackische. Demm glaab isch kä word.

### Zitz:
(*energisch mit der Hand fuchtelnd*)

Kommissar Müller,
nehmen Sie sich zwei Polizisten und verhaften Sie den Kompaniechef. Er muss uns Rede und Antwort stehen. Sein Fehlverhalten muss bestraft werden. Solche Leute untergraben die Disziplin.

### Bamberger:
(*setzt seinen Kurzbericht über das erste Treffen mit den Preußen fort.*)

Bald entdeckten wir preußische Kavallerie. Sie hatten uns von rechts umgangen und galoppierten nun von der Flanke auf uns zu. Diese Himmelhunde wollten uns fertigmachen.

(*Er erzählt sehr emotional, dramaturgisch und fuchtelt mit den Armen.*)

Wir eröffneten sofort das Feuer. Unsere Vorderlader trugen sehr weit. Sie schossen sehr genau. Einige Preußen wurden verletzt und schrien vor Schmerzen. Ein Ulane flog in hohem Bogen vom Pferd und blieb regungslos im Gras liegen. Seine Kameraden ritten zurück und brachten ihn aus der Schusslinie. Wir konnten den offensichtlich an der Schulter verletzten Fürstenknecht nicht gefangen nehmen.

Sie wollten es offensichtlich nicht auf ein Gefecht ankommen lassen und zogen sich schnell weit hinter Morschheim zurück. Wir verloren sie bald aus den Augen. Hatten wir einen Sieg errungen?

Auf jeden Fall überließen sie uns das Dorf. Wir rückten ein. Kein Mensch war zu sehen. Die Einwohner hatten scheinbar fluchtartig ihre Häuser verlassen. Warum? Hatten sie vielleicht mit den Preußen gemeinsame Sache gemacht und uns allen eine teuflische Falle gestellt. Der Vorfall ist interessant und sollte untersucht werden.

## Kommissär Müller:

Das sind allesamt Verräter. Sie sollten bestraft werden. Das ist genau die Brut, die uns in den Rücken fällt. Pfui, Teufel!

## Bamberger:

Wir blieben bis 10 Uhr abends und sahen keine Spur von ihnen.

Wahrscheinlich verlegte die preußische Kavallerie ihre Hauptoperationen mehr gegen Süden in die große Ebene von Mutterstadt.

### Zitz:

Es machte keinen Sinn, weiter dort zu bleiben. Das Oberkommando muss schließlich entscheiden, ob Kirchheim verteidigt oder geräumt werden soll. Wir warten schmerzlich auf seine Befehle. Hoffentlich lassen sie uns nicht im Regen stehen.

Wir bleiben loyal, egal wie die Sache steht. Ob uns die Befehle gefallen oder nicht, spielt überhaupt keine Rolle.

Wenn wir es tun müssen, werden wir Kirchheim tapfer verteidigen. Niemand soll uns da in die Quere kommen.

### Gießen:
*(wütend, schlägt mit der Faust auf den Tisch, auf dem Stabskarten ausgebreitet sind.)*

Bürger Zitz,

Sie sind nicht mehr ganz bei Trost. Wollen Sie denn wirklich unsere schöne Stadt vernichten?

Alles wird für absolut nichts in Schutt und Asche gelegt. Das können Sie und Bamberger nicht machen. Sie ziehen sich den Hass der Kirchheimer auf ihr Haupt.

Eine Verteidigung der Stadt ist völlig zwecklos. Sie wäre nichts Anderes als ein Werk der Zerstörung, das Generationen ihrer Heimat berauben und ihnen das Dach über dem Kopf wegbrennen würde.

Wollen Sie die Alten, Kranken, Frauen, Kinder und alle, die sich nicht wehren können, einem grausamen Schicksal aussetzen?

Pfui Teufel, Zitz und Bamberger!

Haben Sie denn jeden Anstand und jedes Ehrgefühl verloren? Wo bleibt ihr Verantwortungsgefühl den Menschen gegenüber?

Eines sage ich Ihnen beiden ganz klar: Die Kirchheimer stehen mehrheitlich nicht hinter ihnen. Reden Sie mit den Menschen. Sie sind für eine kampflose Übergabe unserer Stadt, weil sie das Unheil von ihr abwenden wollen. Gehen Sie schon jetzt davon aus, dass man Ihren tollkühnen Plänen mit aller Kraft entgegenwirken wird.

Wir wollen in Frieden in unserem schönen Kirchheim leben.

*(Zustimmung aus der Menge, Applaus für Gießen, drohende Fäuste in Richtung von Zitz, Bamberger, Hitzfeld u. a.)*

Wir setzen nicht auf Gewalt und Krieg, sondern auf Verhandlungen mit dem König.

Ihre Vorstellungen einer republikanischen, demokratischen Gesellschaft halten wir für verfehlt.

### *Ein alter Bauer:*

Di henn keen vestand. Di preise henn di owerehand. Di brenne Kerschem ab.

## Zitz:

Das ist Panikmache. Beruhigen Sie sich.

Wie sagte unlängst General Sznayde in Kaiserslautern, unser Oberbefehlshaber:

**Noch ist Polen nicht verloren.**

Bamberger und ich sind felsenfest davon überzeugt, dass König Maximilian mit uns reden wird. Wir werden einen befriedigenden Kompromiss erzielen.

Wir werden alles tun, um die Stadt vor Zerstörung zu bewahren. Wir sind keine Hasardeure und keine Verbrecher.

Vertrauen Sie uns!


## Alter Monarchist:
*(angetrunken, wild gestikulierend)*

Max lebe Hoch, dreimal Hoch!

*(Zwei junge Freischärler zerren ihn aus dem Raum. Geschrei, Tumult)*

*Fass misch nett aa. Schääm disch emme alde Mann fascht de aarm ausserenge. Isch gee fraiwillisch.*
*Losst misch in ruu, äär suffkepp!*

**Gießen:**
*(drohend)*

Zitz,

ich bin immer noch nicht überzeugt, wie weit sie gehen werden. In Gottes Namen, ich beschwöre Sie, überlegen Sie sich gut, was Sie entscheiden.

Die Kirchheimer Bürger werden weiße Fahnen aushängen, weil sie ihr Hab und Gut schützen wollen. Ich werde vorangehen. Wer soll ihnen ihre zerstörten Häuser wieder aufbauen und alles bezahlen? Sie etwa? Trotzdem sind sie keine Verräter, wenn sie ihre Familien schützen wollen!

Es geht jetzt um Sein oder Nichtsein!

Kirchheim war schon lange nicht mehr einer solch existenziellen Bedrohung ausgesetzt. Da muss man schon in den Dreißigjährigen Krieg zurückgehen. Damals hat eine teuflische Soldateska unser Kirchheim in Schutt und Asche gelegt. Die Stadt war für Jahrzehnte nicht mehr bewohnbar. So eine Katastrophe darf sich nie mehr wiederholen.

**Bamberger:**
*(entrüstet)*

Tolle Rede, Mann! Haben Sie kein Ehrgefühl im Leib? Wo bleibt Ihr vaterländisches Engagement? Wollen Sie Recht und Gesetz mit Füßen treten wegen eines faulen Friedens?

Lassen Sie ihren unpassenden Vergleich mit dem Drei-ßigjährigen Krieg. Das war eine ganz andere inhumane Zeit.

Wofür kämpfen wir?

Das frei gewählte deutsche Parlament hat eine Verfassung beschlossen, die klar den Volkswillen ausdrückt. Viele Fürsten haben ähnlichen Verfassungen schon früher zugestimmt und nehmen sie unter dem Eindruck der jüngsten Ereignisse wieder schmählich zurück. Das nenne ich Verrat am deutschen Volk.

Wer also bricht Recht und Gesetz? Wer sind die Volksverräter?

Leute wie Sie, Bürger Gießen, wiegeln die Kirchheimer auf und werfen die braven Bürger den Tyrannen zum Fraß vor. Das höre ich auch von dem reformierten Pfarrer. Er missbraucht die Kanzel für seinen indirekten Kampf gegen uns.


**Mathilde:**
(*von hinten, laut und entschlossen*)

Wann endlich soll die Freiheit in unser geliebtes Land, die wunderschöne Pfalz einziehen?

Wann sollen wir endlich die Befreiung der Menschen von der fürstlichen Tyrannei feiern?

In fünfzig Jahren, in hundert Jahren, in zweihundert Jahren ... nie?

Sollen unsere Kinder und Kindskinder der Grund– und Menschenrechte beraubt, wie Sklaven oder die Hörigen des Mittelalters in dumpfer Knechtschaft dahinvegetieren?

Schämen Sie sich Gießen und alle liberalen Trottel, die nach ihrer Pfeife tanzen wollen! Euer schäbiges Hab und Gut stellt Ihr über die Freiheit. Ihr tretet das Menschenrecht mit Füßen.


### Zitz:
*(fanatisch)*

Der Tag der Abrechnung ist gekommen.

Wenn wir den Befehl des Oberkommandos erhalten, Kirchheim gegen den Feind zu verteidigen, werden wir das ohne Wenn und Aber ausführen. Ihr könnt es nicht verhindern.

Wir haben einen bindenden Eid geschworen.

Auch Sie sollten sich überlegen, wie sie sich im Angesicht des Feindes verhalten wollen.

Wenn Sie schon nicht an unserer Seite kämpfen werden, sollten Sie strikt neutral bleiben.

Versuchen Sie keinesfalls, uns in den Rücken zu fallen. Das würde Sie teuer zu stehen kommen. Viel Blut würde fließen.

*(Die Versammlung endet in einem offenen Eklat.)*


### Mathilde:
*(nimmt Philipp in den Arm und verlässt schluchzend den Raum.)*

Gießen ist ein Umfaller und Fürstenknecht. Sein Standpunkt wirft uns für Jahrzehnte zurück. Aus Feigheit und weil er um sein Vermögen zittert, will er die Freiheit opfern.

Sollen er und seine monarchistisch gesinnte Fraktion sich den Reaktionären unterwerfen! Es wäre nicht das einzige Mal.

Diese Duckmäuser haben keine Moral. Sie sind für mich die ewig Gestrigen. Ich verachte ihn und seine Helfershelfer.


## Philipp:

Mathilde, wir werden tapfer für unsere Sache einstehen. Koste es, was es wolle.

Freiheit oder Tod!

Wir werden nicht von der Fahne gehen.


## Mathilde:

Ich weiß, mein Geliebter, dass auch du bereit bist, jedes nur erdenkliche Opfer zu bringen.

Ohne Freiheit leben wir würdelos. Wir müssen alles geben.

Ich kann es kaum über mein Herz bringen, dass du morgen mit der Donnersberger Freischar aus Kirchheim nach Bockenheim ausrücken sollst.

Wir sind dann getrennt.
Wird das Schicksal uns gnädig sein?
Ich werde nicht schlafen können.
Meine Nerven sind ganz aufgepeitscht.
Was soll nur werden? Ich bin so verzweifelt, wie noch
nie.
Wann werde ich dich wieder in meine Arme schließen
können?

### Philipp:
*(sichtlich gerührt, den Tränen nahe)*

Mathilde, ich verspreche dir, dass ich auf mich aufpassen werde. Ich bin kein Feuerkopf. Ich will tapfer meinen Eid erfüllen. Doch ich werde mich nicht sinnlos opfern.

Gott wird uns beistehen, denn wir kämpfen für das Menschenrecht.

Wir werden den Sieg an unsere Fahne heften. Wir werden die Fürsten und ihre Bluthunde auf die Knie zwingen.

Komm, lass dich herzen und küssen! Es ist mir egal, wer uns dabei zusieht und sich das Maul zerreißt.

# 3. Akt

## 1. Szene

### Die Nacht vor dem Abschied

### Im Hause der Hitzfelds

*(Abend, 12. Juni 1849*

*Mathilde, Anna, Ludwig und Philipp*

*Ein lauer Sommerabend; die Hitzfelds nehmen ihr Abendbrot im Esszimmer ein. Die allgemeine Stimmung ist durch den drohenden Einmarsch der Preußen in die Pfalz angespannt. Kirchheim wird zum Ziel der Nieder- werfung des Aufstandes.)*

**Mathilde:**
*(zwischen hoffnungsvoller Erwartung und Angstgefüh- len)*

Sei mal ehrlich, Papa. Meinst du, dass unsere Freischa- ren und die Bürgerwehr den Preußen widerstehen kön- nen?

Wir wissen ja beide, dass sie deutlich schlechter bewaff- net sind als das reguläre preußische Heer.

Vor allem fehlen ja auch eine Kavallerie und eine nen- nenswerte Artillerie. Die paar Katzenköpfe, die ich ges- tern beim Barrikadenbau im Schlossgarten vor dem

Hauptquartier von Zitz und Bamberger gesehen habe, können im Ernstfall wenig ausrichten.

Stehen wir auf verlorenem Posten?

**Ludwig:**
(*streicht sich gedankenschwer über seinen wallenden, weißen Bart.*)

Machen wir uns nichts vor! Die Sache wird brenzlig. Lange werden wir der Übermacht nicht standhalten können.

Wir können nur hoffen, dass der Kronprinz, er führt das Expeditionschor in die Pfalz, große Rücksicht auf die Bürger nehmen wird.

Er wird es nicht wagen, es sich mit den Kirchheimern und den Pfälzern insgesamt zu verscherzen.

**Mathilde:**
(*unterbricht Ludwig.*)

Ich frage mich, ob Maximilian ihn überhaupt dazu ermächtigt hat, hier einzumarschieren oder ob er das einfach dreist macht?

**Ludwig:**

Bei heftigem Widerstand unserer Leute kann die Sache gefährlich aus dem Ruder laufen. Im schlimmsten Fall wird es unter den Freischärlern und auch unter den Nichtkombattanten viele Opfer geben.

**Anna:**
*(schluchzend, mit erhobenem Zeigefinger)*

Genau davor habe ich ja die ganze Zeit gewarnt. Ihr habt nicht auf mich gehört. Jetzt siehst du, Ludwig, die Sache wesentlich realistischer als noch vor drei Wochen. Doch ihr habt euch immer mehr in den Aufstand verstrickt. Ihr seid so hervorgetreten, dass es einen ungefährlichen Rückzug für uns nicht geben kann. Jetzt seid ihr bekannt wie die bunten Hunde. Ihr gehört für die anderen zu den Rädelsführern des bewaffneten Widerstands.

**Mathilde:**
*(etwas verärgert über die Ängstlichkeit ihrer Mutter)*

Du siehst immer nur schwarz. Du weißt, wofür wir uns mit unserem Herzblut einsetzen. Papa überlegt ganz genau, wie weit er gehen kann. Er liebt uns über alles.

**Anna:**
*(wischt sich die Tränen aus den Augen und schnäuzt sich heftig.)*

Das habe ich nie bezweifelt, Mathilde. Ich kenne deinen Papa ganz genau und trotzdem, ich könnte heulen, wenn ich daran denke, was für uns auf dem Spiel steht. Auch für uns als Familie.

Die Rache der Reaktion wird fürchterlich sein.

**Ludwig:**
*(redet beruhigend auf sie ein und greift nach ihrer Hand.)*

Liebe Anna,
du hast keinen Grund jetzt schon in einen Panikmodus zu verfallen. Ich habe mich juristisch erkundigt. Das Recht ist klar auf unserer Seite. Mein Freund Schmidt hat mir versichert, dass Eisenstuck, der Beauftragte des Parlaments, ihm die bindende Rechtslage erklärt hat. Man wird uns selbst im Fall einer Niederlage, die ich noch nicht sehe, nicht so ohne Weiteres vor Gericht stellen können.

Wir stehen auf dem Boden einer demokratischen Verfassung, die die gewählten Vertreter des Volkes beschlossen haben. Sie ist gültig, auch wenn der König von Preußen und der Wittelsbacher Max sie nicht anerkennen wollen.

Hinter uns steht der neue Souverän, das aufgeklärte Volk der Pfalz und nicht mehr ein Gottesgnadentum. Ohne Verfassung geht es nicht mehr.

Ich habe jedenfalls keine Angst.
Auf einen solchen politischen Schauprozess freue ich mich schon jetzt.


**Mathilde:**
*(fasst die rechte Hand ihrer Mutter und streichelt sie sanft.)*

Papa hat Recht. Auch wir haben sehr gute Juristen. Sie werden uns notfalls glänzend verteidigen. Notar Schmidt ist ein hervorragender Jurist. Er gilt etwas in der ganzen Pfalz. Sein Ruf geht weit über Kirchheim hinaus.

**Ludwig:**
*(recht kämpferisch)*

Wir werden zeigen, wer die wahren Verbrecher sind. Mit uns dürften es die reaktionären Richter, die Vollstrecker des Unrechts, richtig schwer haben.

Unsere verfassungstreuen Rechtsanwälte werden uns raushauen. Da bin ich mir absolut sicher.

Ja, das will ich noch einmal klarstellen. Ich bin einfach stolz auf meinen Freund. Er sieht die Dinge immer glasklar und lässt sich nicht beirren.

Du weißt ja, dass Schmidt, sein Examen mit Glanz und Gloria bestanden hat. Er war sogar Jahrgangsbester an der Uni.

Ihm braucht kein drittklassischer Rechtsverdreher im Sold der Tyrannen sagen, wo es rechtlich lang geht.

Aber zu deiner Sorge, liebe Mathilde. Du hast schon recht bei der Einschätzung der Kräfteverhältnisse im Donnersberger Raum und in der ganzen Pfalz. Doch noch ist unsere Sache nicht verloren. Hinter uns steht die starke badische Armee.


**Anna:**
*(sehr skeptisch)*

Ja, sie ist weit weg. Sie schützt der Rhein. Die badischen Soldaten werden nicht über den großen Strom kommen, um uns in unserer Not beizustehen. Die Pfalz steht allein. Auch die rheinhessischen Freischaren werden die Kräfteverhältnisse nicht nachhaltig zu unseren Gunsten verändern. Die Preußen werden uns haushoch überlegen sein. Ich lass mir da von einigen Fanatikern keinen Bären aufbinden.


**Ludwig:**
(beruhigend auf sie einredend)

Langsam Anna. Du kennst nicht die Pläne unseres Oberkommandos. Vielleicht kommen die Badener doch über den Rhein, um uns beizustehen. In Mannheim beschlagnahmen die Truppen jetzt schon Kähne, wie man hören kann.

Die badische Armee ist stark. Ihre Artillerie ist gefürchtet.

Sie kann es jederzeit mit den Preußen aufnehmen. Wenn wir sie verstärken durch unsere Freischaren, sind die Zahlenverhältnisse und die Bewaffnung einigermaßen ausgeglichen.

Doch es kann schlimm werden, keine Frage.
Ich bin kein Träumer.


**Anna:**
(*immer noch den Tränen nahe, nicht überzeugt*)

Wir können nur hoffen, dass Kirchheim nicht von den Freischaren verteidigt wird. Sie haben keine Chance. Sie werden mit ziemlicher Sicherheit diesen Kampf verlieren, uns aber in den Irrsinn mit hineinziehen.

Wenn es zur Katastrophe kommen sollte, Gott bewahre uns, brennt unser Städtchen an allen Ecken und Enden. Wofür? Wir können nicht siegen.

**Ludwig:**
*(verunsichert)*

Da hast du etwas erkannt, liebe Anna, was mich auch umtreibt und mir schon manche schlaflose Nacht eingebracht hat.

Du hast ein gutes Gespür für Menschen.

Zitz ist ein Fanatiker. Er wird nicht so schnell nachgeben. Die Befehle des Oberkommandos sind ihm eine heilige Pflicht.

Er wird mit allen Mitteln versuchen, den Feind entsprechend seiner Weisungen aufzuhalten.
Dann könnte viel Blut fließen.

Ich bin kein Hellseher. Wir müssen abwarten. In wenigen Tagen werden die Würfel fallen. Sieg oder Niederlage, alles ist drin.


**Anna:**
*(völlig mit den Nerven fertig. Sie weint laut auf.)*

Das hätte ich nicht gedacht. Mein Ludwig, ein Hasardeur, der sich mit fanatischen Kommandeuren einlässt. Wo bleibt dein gesunder Menschenverstand?

Willst du wirklich alles auf eine Karte setzen. Ist dir unser Leben und unsere Zukunft egal? Ich muss mich schon wundern. Immer habe ich dich als besonnen eingeschätzt. Was treibt dich nur an?

**Ludwig:**
*(nippt an der Kaffeetasse und entgegnet in ruhigem Ton.)*

Ja, Anna,
auch wenn wir die Preußen nicht besiegen können, lohnt sich der bewaffnete Kampf. Ja, er wäre auch noch wertvoll, wenn er rein symbolisch wäre.

Das Volk muss sich erheben und den Tyrannen klar Einhalt gebieten.

Ein gewisser Sieg wäre schon ein sich versteifender Widerstand. Vielleicht wäre der Feind dann bereit, mit uns zu verhandeln.

Vielleicht wäre noch ein Kompromiss denkbar. So könnten wir die „Paulskirchenverfassung", wenn auch modifiziert retten. Es käme vor allem darauf an, die Rechte, die uns die Monarchen und ihre liberalen Minister schon im März 48 zugestanden haben, zu sichern.


**Mathilde:**
*(wütend)*

Seitdem sind sie ja wieder ständig zurückgerudert. Machen wir uns doch nichts vor!

Sie setzen einseitig auf die militärische Karte.

Wir dürfen nicht wanken und weichen. Wenn wir Schwäche zeigen, ist alles verloren.

Wir werden auf Jahrzehnte keine Verfassung bekommen. Menschenrechte und Grundrechte und vor allem politische Teilhaberechte ade! Noch unsere Enkel werden unter der Reaktion zu leiden haben und werden sich an den Freiheitstraum von 48 wehmütig erinnern.

### Ludwig:

Mathilde sieht die Dinge goldrichtig.

Wir müssen zu den Waffen greifen. Leider bleibt uns keine andere Wahl.

Ich bin und war nie ein Freund des Blutvergießens. Als Arzt will ich Menschen retten und vor Tod und Krankheiten bewahren. Ich hasse den Krieg und doch weiß ich, dass wir kämpfen müssen.

### Mathilde:
*(fällt ihrem Vater erneut vor Erregung ins Wort.)*

Ich glaube nicht, dass die Könige, der Hohenzoller und der Wittelsbacher zu Zugeständnissen bereit sind.

Vor allem aber der preußische König, dieser freche Verächter der Verfassung, ist ein knallharter Reaktionär. Wie konnte er nur so schmählich die Repräsentanten des Volkes beleidigen. Für mich ist er würdelos. Dieser Mann gehört nicht auf einen Thron.

### Anna:
*(schlägt mit der Faust wütend auf den Tisch, dass die Tassen und Unterteller klirren. Sie scheint völlig außer sich.)*

Mathilde, rede nicht so respektlos über unsere Könige. Weder Maximilian noch der preußische König sind Tyrannen. Sie sind christliche Könige, die ihre Verantwortung gegenüber dem Volk kennen, selbst wenn sie eine andere politische Auffassung haben.

Sie können sich noch ändern, auch wenn der preußische König die legitimierte Frankfurter Delegation schmählich abgewiesen hat.

Er wird einen anderen Plan in seiner Schublade haben. Alle Monarchen wissen ganz genau, dass die Zeit des konstitutionellen Königtums gewissermaßen vor der Tür steht. Niemand kann das Rad der Geschichte zurückdrehen.

Wir sollten mehr Geduld haben und uns nicht in bewaffnete Abenteuer mit einem unsicheren Ausgang stürzen. Wir können hierbei alles verlieren.

### Mathilde:
*(schäumt vor Wut. Sie springt vom Stuhl hoch und wirft ihn um.)*

Wir haben ja gehört, wie unverschämt er die Delegation des Frankfurter Parlaments behandelt hat. Er hat die Abgeordneten wie tolle Hunde vorgeführt und ihnen jegliche Legitimation abgesprochen. Schändlicher kann man mit dem Volk und seinen gewählten Vertretern nicht umgehen.

Er ist ein frecher Tyrann, kein christlicher König. Er bemäntelt sich mit einer völlig überholten, romantischen Vorstellung von einem absoluten Königtum.

Sein Volk besteht für ihn aus Puppen wie in einem Marionettenspiel. Er führt sie nach seinen willkürlichen Vorstellungen. Sie sollen ihren Mund halten. Der Wille der Menschen ist ihm absolut egal.

Dieser Tyrann wird alles tun, um uns militärisch zu zerschmettern und uns anschließend hart zu bestrafen.

Für ihn sind wir keine demokratischen Freiheitskämpfer. In seinen Augen sind wir verbrecherische Insurgenten, Hochverräter, die keine Gnade verdienen.

### Anna:
*(mit zitternder Stimme, legt ihren Kopf in die Hände, verzweifelt)*

Jeder militärische Widerstand ist in meinen Augen sinnlos. Wir sollten uns auf Gnade oder Ungnade ergeben, solange noch kein Schuss in Kirchheim gefallen ist.

Eine Abordnung der Bürger sollte den Preußen mit weißen Fahnen entgegenziehen und den Prinzen darum bitten, keine Gewalt anzuwenden. Gießen hat Recht.

Wenn wir bei gutem Verstand sind, können wir unsere Köpfe noch aus der Schlinge ziehen. Noch haben wir eine faire Chance, die Preußen mild zu stimmen, wenn wir unsere Stadt kampflos übergeben.

### Mathilde:

Immer wieder dieser werte Herr Gießen! Er geht mir so richtig auf die Nerven. Steckt er mit unserem reaktionären Pfarrer unter einer Decke? Ist er vielleicht nur ein verkappter Liberaler?

Genau auf unsere Unterwerfung und Reue setzen sie. Sie treiben uns schon in die Enge, bevor der erste Schuss gefallen ist. So erreichen wir überhaupt nichts.


### Anna:

Wir dürfen nicht kämpfen. Wir können sie nicht aufhalten.

Nur so können wir uns alle und die unschuldigen Menschen vor einem großen Unglück bewahren.

Am liebsten würde ich eine Gruppe von Frauen anführen, die mit weißen Fahnen Kirchheim den Preußen entgegenzieht.

Zitz wird es nicht wagen, uns Frauen anzugreifen. Er hätte sofort alle Bürger gegen sich. Sie würden ihn zerreißen.

Die Vernunft muss siegen.

Streckt die Waffen!


### Mathilde:
*(Anna tröstend, aber trotzdem zum Kampf entschlossen, fasst ihre Mutter an der Hand und streichelt ihre Wange.)*

Mutti, ich verstehe deine Sorgen, aber es gibt kein Zurückweichen vor den Tyrannen. Wir verteidigen unser gutes Recht.

Ich glaube nicht, dass du ernsthaft die Sache der Revolution verraten willst. So kenne ich dich nicht.

Doch du weißt, dass unsere Feinde keinen Pardon geben. Sie hassen die Demokraten wie die Pest.

Sie sind bereit, uns sogar zu töten. Solche Herren brauchen wir nicht.

Wir sind entschlossen, bis zum letzten Blutstropfen zu kämpfen. Wenn wir jetzt aus Feigheit zurückweichen, haben wir alles verloren. Niemals wird für uns die Freiheitsglocke in unserem Leben erklingen.

### Ludwig:
(*zustimmend und gefasst*)

Wir werden von der Reaktion niedergehalten, beinahe wie Sklaven. Man verweigert uns die Menschenrechte, die in anderen Ländern schon lange gelten. Für den Amerikaner und Engländer sind sie selbstverständlich.

Ohne Freiheit, ohne Grund- und Menschenrechte haben wir kein Vaterland!

### Mathilde:
(*ein Herz und eine Seele mit ihrem Vater, den sie an sich zieht und auf die Stirne küsst.*)

Ja, genau das ist der Grund, warum ich mich als junge Frau in den Kampf der Freischärler gegen unsere Unterdrücker einmische. Ich habe die frauenfeindliche, reaktionäre Unterdrückung endgültig satt.

Ja, sie sollen zur Hölle fahren, diese ausbeuterischen Tyrannen. Wenn sie zum Volk sprechen, lügen sie. Sie haben keine Ehre.

### Anna:

Du bist einfach zu radikal. Was du denn die ganze Gesellschaft umkrempeln?

### Mathilde:

Wie lange solle wir noch warten? Die Jugend muss es in Angriff nehmen. Sonst bleibt alles beim Alten.

Ja, ich habe gestern geholfen, die Barrikaden zu bauen. Ich war die einzige Frau, die sich dabei engagiert hat. Das ist in meinen Augen eine wahre Schande!

Ich habe keine Lust, das feige, brave, zurückgezogene Fräulein zu spielen und später in die Rolle der unterwürfigen Hausfrau zu schlüpfen.

Was ist das für ein Leben, den Mund halten zu müssen und sich zu ducken. Soll denn nur der Mann bestimmen? Wo bleiben die Rechte der Frau? In dem bevorstehenden Kampf geht es auch um die Gleichberechtigung der Frau.

„Frauenpower" statt „Macho-Wahn!"

Genug ist genug. Es reicht.

Ja, ich sage es ganz offen, auch wenn es euch nicht gefällt: Ich habe keine Lust, mich einem Ehemann zu unterwerfen.

Sollen es die Frauen nur machen, die es wollen. Ich möchte einem Mann ebenbürtig sein.

Wir gebären die Kinder und sorgen so dafür, dass das Leben erhalten bleibt. Wie viele junge Frauen sterben im Kindsbett?

Sind wir denn in irgendeinem Aspekt minderwertiger als der Mann?

Nennt mir eine Stelle in der Bibel, in der die Unterwerfung unter den Mann gefordert wird. Ist das nicht eine überholte, patriarchalische Vorstellung?

Ich hasse das rückständige Gerede unseres Pfarrers. Er verurteilt mich wegen meiner angeblich verderblichen Ansichten.

Christus hat die Frau auf die gleiche Stufe gestellt wie den Mann. Wer würde es wagen, die Mutter Gottes zu verachten?

Wir sind alle nach dem Ebenbild Gottes geschaffen. Wir sind alle frei geboren und sollten es immer sein.


**Ludwig:**
*(unruhig, aber stolz auf seine Tochter, geht unruhig im Wohnzimmer auf und ab.)*

Anna, ich habe lange über alles nachgedacht. Mathilde hat Recht, auch was ihre Vorstellung von der Rolle der Frauen angeht. Ich weiß, es klingt aufrührerisch, aber ich kann es auch nicht anders sehen. Mann und Frau sind gleich. Wer will es leugnen?

Warum also sollte eine begabte, junge Frau wie Mathilde einem Mann Untertan sein? Ist das denn wirklich die Bedingung für eine gelungene Ehe?

Du kennst mich. Ich bin durch und durch Demokrat.

Niemals habe ich dich, liebe Anna, zu einer würdelosen Befehlsempfängerin gemacht. Dafür liebe ich dich viel zu sehr …

*(Ludwig wird unterbrochen. Jemand klopft wiederholt an die Haustür)*

### Mathilde:
*(verwundert)*

Wer kann das nur sein? Es ist doch schon recht spät. Vielleicht ist jemand deiner Patienten schwer erkrankt, Papa und sucht jetzt Hilfe?

*(Ludwig eilt zur Tür. Der späte Besucher überrascht ihn zunächst. Es ist Philipp.)*

### Ludwig:
*(freundlich)*

Philipp, was führt dich zu so später Stunde zu uns? Ist jemand aus deiner Familie krank?

**Philipp:**
*(räuspert sich, er ist sichtlich aufgeregt, rote Wangen, belegte Stimme.)*

Ludwig, es ist dumm gelaufen. Damit habe ich nicht gerechnet. Die Würfel sind gefallen. Ich werde nicht in Kirchheim bleiben. Wir haben lange mit Zitz und Bamberger gestritten, denn wir wollten in der Stadt kämpfen und die rheinhessischen Freischaren verstärken. Doch das Oberkommando hat eine andere Auffassung.

Morgen marschiert die Donnersberger Freischar unter der Führung unseres Hauptmanns Rochotte nach Zell ab. Wir haben den Auftrag von General Sznayde erhalten, das Zellertal gegen die heranrückenden Preußen zu verteidigen.

Es geht um Zeitgewinn. Wenn der Gegner übermächtig wird, sollen wir uns nach Bockenheim zurückziehen und weitere Befehle abwarten. Notfalls rücken wir dann nach Neustadt vor.


**Mathilde:**
*(entsetzt)*

Wie schon morgen? Das ist ja ein Ding. Dann werden wir uns vielleicht wochen-, ja monatelang nicht mehr sehen.

*(geht auf Philipp zu und stützt sich auf die Tischkante.)*

Philipp, ich bin am Boden zerstört. Damit habe ich nicht gerechnet. Ich bin eher davon ausgegangen, dass ihr hier in Kirchheim seid und die Stadt zusammen mit den rheinhessischen Freischärlern verteidigt. Dann wären wir nicht getrennt und könnten Freud und Leid miteinander teilen.


**Philipp:**
*(wieder gefasst, nachdem er merkt, wie die Sache Mathilde ans Herz geht.)*

Wir haben alles versucht, um hier zu bleiben. Es war sinnlos. Befehl ist Befehl.

Jetzt regt euch alle nicht so auf. Mir wird schon nichts passieren. Ich bin ja kein unbedarfter Draufgänger. Ich kenne die Gefahren, die mir drohen und werde besonnen sein.

Erst mal abwarten, wie die militärische Lage sich entwickelt. Noch ist nichts gewonnen. Noch ist nicht verloren.

Wir haben uns entschlossen, für unsere Freiheit mit allen Mitteln zu kämpfen. Wir werden nicht weichen, bis wir unsere Verfassung durchgesetzt haben.

Die Preußen mögen tapfere und schneidige Soldaten sein. Dennoch fürchten wir sie nicht.


**Mathilde:**
*(Man merkt ihr die Verwirrung der Gefühle an.)*

Ich weiß, dass du kein Feigling bist und alles gibst. Ja, die Kirchheimer Freischar wird alles tun, um unsere Freiheit durchzusetzen.

**Philipp:**
(*entschlossen*)

Wir wissen, wofür wir kämpfen und sind bereit, jedes Opfer zu bringen. Die verlogenen Reaktionäre werden kein leichtes Spiel mit uns haben. Sie müssen sich warm anziehen.

**Mathilde:**

Ich weiß, dass ihr tapfer seid und auch klug genug, um euch nicht sinnlos verheizen zu lassen.

Trotzdem mache ich mir große Sorgen um dich. Ich spreche es nur ungern aus: Du könntest sogar getötet werden. Dann hätten wir unsere Zukunft verloren.

**Philipp:**
(*fasst sie liebevoll an der Hand.*)

Bitte, liebe Mathilde und auch ihr Ludwig und Anna, macht euch keine übertriebenen Sorgen. Ich weiß, wie ich mich zu verhalten habe.

**Mathilde:**
(*schüttelt den Kopf.*)

Wenn die Preußen heranrücken, werdet ihr kämpfen müssen. Da wird viel Blut fließen.

Es käme auch einer Katastrophe gleich, wenn man dich schwer verletzt. Du könntest Arme und Beine verlieren.

Für einen Handwerker wie dich wäre dies das gesellschaftliche Aus. Unsere Zukunft wäre zerstört.

Ich habe mich in den letzten Tagen häufig gefragt, was höher zu bewerten ist, die Freiheit oder das Leben?

Die Radikalität der Entscheidung verunsichert mich. Ich weiß es wirklich nicht. Verstehe bitte, dass ich im Moment verzweifelt bin. Ich muss deine Nachricht erst verdauen. Alles kommt so rasend schnell.


**Philipp:**
*(sichtlich gerührt)*

Du sprichst mir aus der Seele. Deine Worte zeigen mir, dass du mit mir durch Dick und Dünn gehen willst. Bei der Übergabe der Fahne hast du mir unter bestimmten Voraussetzungen vor allen Leuten deine Hand versprochen. Ich schwebte auf Wolke sieben.

Ich möchte dich unbedingt heiraten und mit dir eine Familie gründen. Das sage ich hier ungeschminkt vor deinen Eltern, die mir schon längst ans Herz gewachsen sind.

Ich hoffe, dass ihr mir verzeiht, wenn ich so offen meine Zukunftsträume ausbreite, denn ich habe euch, liebe Anna, lieber Ludwig, noch nicht offiziell gefragt, ob ihr euch denn einen Schwiegersohn Philipp Berch vorstellen könntet. Ich möchte jetzt nachholen, was ich versäumt habe. Dafür möchte ich auch bei euch in aller Form um Verzeihung bitten.

Ja, vielleicht ist es verfrüht. Ich darf erst so denken, wenn ich erfolgreich von diesem Feldzug nach Kirchheim zurückkomme.

Du hast mir bei der Fahnenweihe eine wichtige Bedingung gestellt. Ich muss sie zuerst erfüllen.

Wenn ich als Sieger heimkomme, werde ich um deine Hand anhalten und alles tun, was Sitte und Anstand von einem künftigen Bräutigam verlangen.

Mathilde, ich kann mir keine andere Frau als dich vorstellen. Ich liebe dich von ganzem Herzen. Nur du kannst mich glücklich machen.

(*Ludwig und* Anna *ziehen sich diskret zurück und überlassen das Feld den beiden Liebenden. Beide sind fortschrittlich gesinnt und der Etikette ihrer Zeit weit voraus. Gerne unterstützen sie eine Liebesheirat.*)

(*Mathilde fasst Philipp an der Hand, umarmt ihn liebevoll und geht wortlos mit ihm die Treppe hinauf in ihr Zimmer.*)


### Mathilde:
*(leise, aber doch energisch)*

Geniere dich nicht, Philipp. Setze dich zu mir. Ich möchte dich küssen.

(*Philipp, etwas schüchtern, setzt sich zu ihr auf die Bettkante.*)


### Philipp:
(*noch verunsichert über die spontane Zweisamkeit, aber mit erregter und belegter Stimme*)

Du hast dir hier ja eine beachtliche Bibliothek zulegt. Dein Vater hat dir eine stolze Anzahl von medizinischen Fachbüchern überlassen.

Ich bin überrascht und sehe, dass dich die Medizin brennend interessiert. Willst du denn einmal Ärztin werden?

**Mathilde:**
*(zustimmend)*

Gerne, lieber Philipp, würde ich in die Fußstapfen meines Vaters treten. Er hat einen tollen Beruf, um den ich ihn oft beneide.

Doch als Frau kann ich den Beruf der Ärztin vergessen.

Wir Frauen haben nach Ansicht der altmodischen Patriarchen nichts an den medizinischen Fakultäten verloren.

Ist das nicht eine Ungerechtigkeit, die zum Himmel schreit? Wegen unseres Geschlechts verbieten sie uns den Zugang zum Arztberuf.

Ich werde daher niemals studieren können, auch wenn ich besser geeignet wäre als alle Männer in Deutschland, nur weil ich eine Frau bin.

**Philipp:**
*(überrascht)*

Das habe ich nicht gewusst. Das ist ja unerhört. Für mich wird immer klarer, dass wir dieses veraltete System stürzen müssen.

Nur die Freiheit und die Gleichheit sichern ein vernünftiges Zusammenleben der Geschlechter.

## Mathilde:
*(emotional und anklagend)*

Sie behaupten frech, das weibliche Gehirn wäre für das langwierige und geistig fordernde Medizinstudium nicht geeignet. Das Studium und vor allem auch die schwere Berufspraxis würden uns frühzeitig auslaugen und regelrecht zerstören.

Solch ein Blödsinn von ewig Gestrigen! Sie sind einfach voreingenommen und wollen uns nicht auf gleicher Augenhöhe begegnen.

Ja, den Beruf der Krankenschwester gestehen sie uns zu. Doch sie wollen sich nicht vorstellen, dass wir jemals Ärztin und damit Kollegin sein könnten. Sie respektieren uns nicht!

## Philipp:

Die spinnen doch. Die haben doch einen Sprung in der Schüssel. Merken die denn nicht, dass wir in einer anderen Zeit leben.

## Mathilde:
*(scharf entrüstet)*

Was für ein Schmarren zu behaupten, dass wir nicht begabt genug seien für ein Medizinstudium! Ich könnte angesichts dieser unverschämten Arroganz platzen.

Was bilden sich diese universitären Weißkittel nur ein! Da bricht für sie die geheiligte Ordnung in sich zusammen.

Jetzt weißt du Bescheid. Aber darüber will ich in der kurzen Zeit, die uns noch verbleibt nicht weiterreden. Lass uns heute Abend über andere Dinge sprechen!

Komm, Geliebter, küsse mich ungeniert, wie du es noch nie getan hast.
*(Philipp küsst sie innig, streichelt zärtlich ihren Rücken und gibt sich den mächtig erwachten Liebesgefühlen hin. Von einer noch nie gekannten emotionalen Welle getragen, wagt er sich weit vor.)*

### Philipp:

Darf ich deine Brüste küssen und streicheln, Mathilde? Ich liebe dich und ich begehre dich. Bitte, sag nicht Nein!

*(Sie wehrt ihn nicht ab, sondern führt seine Hand nach innen unter ihre Bluse. Beide geben sich intensiv küssend ihren Gefühlen hin. Philipp wird drängender und überschreitet langsam eine rote Linie.*

*Mathilde bricht das eskalierende Liebesspiel ab. Auch wenn es der letzte Abend vor einer gefährlichen Trennung ist, möchte sie ihm noch nicht alles gestatten. Sie zieht sanft, aber bestimmt seine streichelnde Hand zurück.)*

**Mathilde:**
(*voller Liebesgefühle, aber dennoch entschlossen*)

Philipp, du weißt, wie ich dich liebe. Trotzdem sollten wir gerade an diesem schicksalhaften Abend uns nicht alles erlauben.

Das sind wir unserer Liebe und Ehre schuldig. Ich muss auch an meine Eltern denken, die eine bestimmte Einstellung und Haltung von mir erwarten.

Auch wenn es uns schwerfällt, nicht das Äußerste zu tun. Wir müssen uns jetzt unbedingt zusammenreißen und die Erfüllung unserer Gefühle noch nicht zulassen.

Ich bin noch nicht so weit. Vielleicht würde ich bereuen, was wir beide heiß begehren.

Du bist mir hoffentlich nicht böse!


(*Philipp fällt es schwerer als Mathilde, auf den Boden der nüchternen Tatsachen zurückzufinden. Doch um sie nicht zu verärgern, reißt er sich zusammen.*)


**Philipp:**

Nein, Mathilde, auf keinen Fall. Ich muss mich entschuldigen. Ich bin heute Abend sicher zu weit gegangen. Es ist einfach eine Ausnahmesituation. Weiß der Teufel, wo ich meinen Kopf hatte!

Ich liebe dich einfach zu sehr. Meine ganzen Gedanken kreisen nur noch um dich. Ich wollte, ich könnte bei dir bleiben und müsste nicht morgen in den verdammten Krieg ziehen gegen die verhassten Preußen.

Doch ich erinnere mich haargenau an deine einprägsamen Worte bei der Fahnenweihe vor über einem Jahr.

Ich bin mir sicher, dass ich heil nach Kirchheim zurückkommen werde. Ja, vielleicht siegen wir, so Gott es will.

Für mich wäre es das Größte, ein doppelter Sieg: ein Sieg für die Freiheit und ein persönlicher Sieg für uns beide!

Neben der Freiheitsglocke höre ich die Hochzeitsglocken! Kann es etwas Schöneres geben?

### Mathilde:
*(sichtlich gerührt)*

Philipp, du sprichst mir aus dem Herzen. Das hast du eben so schön gesagt. Ich könnte weinen, weil ich so verliebt in dich bin. Ist das nicht eine verrückte Verwirrung der Gefühle, Tränen der Freude!

### Philipp:

Mathilde, es ist schon recht spät geworden. Morgen früh rücken wir beizeiten aus. Der Musikzug und jede Menge Kirchheimer werden uns noch bis vor die Stadt begleiten.

Bitte mache es mir nicht zu schwer. Es genügt mir, wenn du mir aus dem geöffneten Fenster zuwinkst. Ich möchte die Gefühle, die ich für dich hege, tief in meinem Herzen bewahren.

Wo immer ich dann bin, auf dem Marsch oder im Kampf mit dem Feind, ich werde immer an dich denken und mir immer nur vorstellen, wie ich siegreich zu dir zurückkehren werde.

Mathilde, ich liebe dich von ganzem Herzen.

Bitte grüße deine Eltern von mir. Ich verehre sie sehr und möchte sie jetzt nicht mehr stören. Es ist schon zu spät.

Auf ein baldiges, glückliches Wiedersehen!

Ich werde dir schreiben, sobald ich es kann.

Adieu, liebe Mathilde!

*(Zum Abschied gibt Mathilde Philipp ein kleines Porträtbildchen. Es wurde von einer künstlerisch begabten Freundin mit Tusche gezeichnet und koloriert. Es befindet sich in einem kleinen Etui. Philipp schenkt ihr zum Abschied eine Silberkette. Er legt sie ihr verliebt um den Hals.)*

### Mathilde:

Noch ein Abschiedskuss, lieber Philipp.

Ich werde täglich dafür beten, dass unsere Träume in Erfüllung gehen.

# 2. Szene

**Die Preußen kommen.**

**Kirchheim, 14. Juni 1849, 4:00 morgens**

*(Trommelschlag zerreißt die Stille. Tamboure stehen vor den Häusern und rufen den Notstand aus.)*

**Tamboure:**
*(schreiend)*

Aus den Betten, Bürger!
Die Preußen kommen.

Ein jeder tue seine Bürgerpflicht.

Die Stadt wird verteidigt.

*(Mathilde kleidet sich schnell an, stürzt in das Wohnzimmer. Ihre Eltern erwarten sie schon. Sie treten auf die Straße hinaus. Dort stehen viele Nachbarn unruhig und verängstigt zusammen und sprechen aufgeregt in kleinen Gruppen miteinander.)*

**Mathilde:**
*(beruhigend auf die Leute einredend)*

Macht euch mal nicht in die Hose! Die Preußen sind auch nur Menschen aus Fleisch und Blut. Hiebe und Kugeln verletzen sie genauso wie uns.

Unsere rheinhessischen Freischärler sind schon los-
marschiert und werden sie gebührend empfangen. Sie
unterstützen unsere tapferen Kämpfer, die sich in Orbis
verschanzt haben.

### Ein alter Mann:
*(ruft sichtlich erregt dazwi-
schen.)*

Da kann ich nur lachen. Wol-
len sie mit ihren veralteten
Flinten das reguläre Militär
aufhalten?
Die werden sich schnell blutige
Köpfe holen.

### Stimmen aus der Bürger-
schaft:

- Johann hat recht.
- Die Stadt lässt sich nicht
  verteidigen.
- Die Preußen werden un-
  sere Häuser in Schutt und
  Asche legen.
- Bald werden die Kanonen
  donnern.

*(Typische Vorderladerwaffe der
Freischärler 1849)*
*(Original im Museum im Stadtpalais
Kirchheibolanden)*
*(Fotografiert und bearbeitet
von K. Betzen)*

119

**Mathilde:**
*(lässt sich durch die Kritik nicht beeinflussen.)*

Noch wissen wir nicht, wie der Kampf ausgehen wird.

Noch haben wir eine Chance, erfolgreichen Widerstand zu leisten.


**Frau Merz:**
*(Gärtnerin, ziemlich skeptisch)*

Ich glaube das nicht. Die Preußen haben eine starke Artillerie. Sie werden uns bald brutal beschießen.

Wartet ab, wie schnell sie die Oberhand gewinnen. Dann wird unseren ach so tapferen Freischärlern keine andere Wahl bleiben, als sich flugs nach Kirchheim zurückzuziehen.

Ich sehe schlimme Zerstörungen voraus.


**Gärtner Eichling:**
*(verängstigt und panikartig reagierend, fuchtelt mit den Armen in der Luft herum und stottert leicht vor Aufregung.)*

Soll ich mir denn meine Gärtnerei und mein Haus zusammenschießen lassen? Ich habe noch nicht einmal die Hypotheken bezahlt.

Wir müssen den Preußen mit weißen Fahnen entgegenziehen, solange das noch Sinn macht.

Das ist ein Gebot der Vernunft.

### Zurufe aus der Menge:

- Ja, das machen wir. Worauf warten wir noch.
- Holt die Betttücher!
- Noch ist es nicht zu spät.
- Nieder mit allen Fanatikern, die uns nur ins Unglück stürzen!

### Eichling:
(*beschwichtigend*)

Langsam Leute, „Ruhe hat der Haas gesagt." Panik schadet uns nur!

Wir müssen sie freundlich empfangen und keinen Vorwand für Repressalien und eine Bestrafung liefern.

Geizt nicht mit dem Schnaps. Sie sollen sich einen kräftigen Schluck auf unsere Kosten hinter die Birne kippen.

Dann lassen sie uns in Ruhe.
Im Suff werden alle Brüder.

Kirchheim, unsere geliebte Stadt, muss leben!

### Ein junger Freischärler:
(*wutentbrannt, droht Eichling mit seinem Säbel.*)

Das klingt nach Verrat. Ein preußischer Ulane ist kein Bruder. Es ist und bleibt unser Feind.

Feiger Hund! Dir sollte man eins aufs Maul geben. Hast du noch alle Tassen im Schrank!

Ich hätte größte Lust, dich bei Bamberger und Zitz zu verpfeifen.

Sei vorsichtig mit deinem Gerede. Du willst wohl die Bürger aufhetzen gegen uns.

*(packt ihn wütend am Kragen.)*

Wenn du nicht sofort verschwindest, werde ich dir dein Schandmaul stopfen, du alter Sack.

Hau ab, du feiges Schwein! Geh heim zu deiner Alten und hänge ihr am Rockzipfel.

*(Eichling zieht sich erschrocken zurück. Einige Bürger beschimpfen den jungen Freischärler und bedrohen ihn ihrerseits.)*


### Carl Gießen:
*(empört, aber besonnen)*

Solche Frechheiten müssen wir Kirchheimer uns in unserer Stadt nicht gefallen lassen. Ich werde mich auf der Stelle bei den Oberkommandierenden beschweren.

Haben Sie kein Benehmen?

Ich weiß, dass Zitz eine solche Drohung nicht gelten lässt. So dürfen Sie sich nicht verhalten. Sie haben eine rote Linie überschritten.

Wir sind hier alle Zeugen einer großen Unverschämtheit geworden.

*(Zustimmung aus der Menge, Buhrufe!)*

- Dir sollten die Ulanen mal so richtig den Allerwertesten verdreschen, du Maulheld.
- Hast du nicht mehr alle Tassen im Schrank?
- Pfui, einen alten, gebrechlichen Mann anzugreifen. Schämst du dich nicht?

### Gießen:
*(erfreut über die Unterstützung aus der Menge)*

Aber machen Sie nur so weiter! Das ist der beste Weg, um alle Bürger gegen euch Freischärler aufzubringen.

Bravo, Hitzkopf!

*(Anna ist schon weinend wieder ins Haus zurückgegangen. Ihre Nerven liegen angesichts der Gefahren blank. Sie macht sich große Sorgen um ihren Mann und vor allem Mathilde. Sie befürchtet, dass ihre Tochter zu allem fähig ist. Ludwig und Mathilde mischen sich immer noch unter die herumstehenden Kirchheimer und reden auf sie ein.)*

### Mathilde:
*(beruhigend, aber hochengagiert und zum Kampf entschlossen)*

Wovor habt Ihr nur so große Angst?
Macht euch doch nicht jetzt schon in die Hose.

Noch hält unsere Linie.

Sollen wir denn die Waffen feige wegwerfen und uns ergeben?

Feigheit vor dem Feind!

Das ist wahrhaftig keine Option für uns. Wir überlassen das Feld nur dann den Reaktionären und ihren Knechten, wenn sie uns schlagen.

Das aber sehe ich nicht. Unsere Freiheitshelden leisten ihnen jeden Widerstand.

Sie sind entschlossen, für die Freiheit und die Verfassung ihren letzten Blutstropfen zu geben.

### Forstmeister Traiteur:

Tolle Rede schöne junge Dame.
Doch ich kann kein Wort glauben.
Die Sache steht schlecht für uns.

### Mathilde:
*(unterbricht ihn mit erhobener Stimme.)*

Ja, ich weiß, dass Sie unseren Freiheitskampf nicht gutheißen. Sie arbeiten gegen uns und wollen uns den Schneid abkaufen.

Wir sollten hohen Respekt vor unseren jungen Kämpfern haben und dürfen ihnen jetzt auf keinen Fall in den Rücken fallen.

Sie haben es verdient, dass wir sie aus vollem Herzen unterstützen.

Ein Hundsfott, der in der größten Not für das freie Vaterland von der Fahne geht!

### Mathilde:
*(Zustimmung, aber auch Widerstand)*

### Rufe aus der Menge:

- Mathilde hat Recht. Das Volk ist der Souverän, nicht der Fürst.
- Das Gottesgnadentum passt nicht mehr in unsere Zeit. Es hat ausgedient.

*(Buhrufe!)*

- Mathilde, die *Jeanne d' Arc* von Kirchheim, dass ich nicht lache.
- Ein Hoch auf Mathilde, unsere pfälzische Amazone.

### Mathilde:

Ja, einige wollen sich über mich lustig machen. Das habe ich nicht verdient. Ich kämpfe für eure Freiheit.

Ich fühle, dass mich einige von Euch hassen, für das, was ich hier und jetzt gesagt habe.

Wer nicht mit uns fechten will, der kann getrost nach Hause gehen. Nur eines darf er nicht, er darf uns nicht in den Rücken fallen.

Zitz und Bamberger werden Verräter an der Sache gnadenlos bestrafen.


**Dr. Hitzfeld:**
*(wesentlich weniger emotionsgeladen als Mathilde, die durch den Jeanne d'Arc-Vergleich verärgert ist.)*

Noch braucht Ihr Euch wirklich keine unnötigen Sorgen zu machen.

Die Kämpfe für die Freiheit, und damit für unsere Verfassung haben erst begonnen.

Wir dürfen nicht vorzeitig kapitulieren.

Zitz und Bamberger sind verantwortungsvolle Führer. Sie wissen genau, wie weit sie gehen können.


**Traiteur:**
*(widerspricht ihm.)*

Sie sind Fanatiker in meinen Augen, Befehlsempfänger des polnischen Reitergenerals. Ist er nicht vor den Russen ausgerissen?

Was sind sie denn?
Ein Zeitungsschmierer und ein Advokat! Also lächerliche Schreibtischtäter. Sie haben keine Kriegserfahrung.

Für mich sind sie Laffen, die sklavisch gehorchen müssen.

## Dr. Hitzfeld:

Ich kenne sie persönlich. Sie haben Charakter und werden die Kirchheimer nicht verraten.

Ich vertraue Ihnen restlos. Letzten Endes wollen sie nur das Beste für uns alle erreichen.

Doch, wer von Euch spürt, dass er nicht kämpfen kann oder will, soll unbehelligt in sein Haus zurückkehren.

Er kann sich ja dann mit seiner Frau und seinen Kindern in der Scheune oder im Keller verstecken und abwarten, wie sich das drohende Gewitter entfaltet.

*(Einige Bürger verlassen bereits die Straße und zeigen damit, dass sie die Stadt nicht verteidigen wollen. Schon wehen weiße Fahnen aus manchen Häusern.)*


## Ludwig:
*(in flehendem Ton, sichtlich enttäuscht)*

Nur ich bitte euch von ganzem Herzen, euch ruhig zu verhalten und die Kämpfe unserer Helden, der jungen rheinhessischen Idealisten, nicht zu stören.

Wir dürfen ihnen nicht in den Rücken fallen. Sie kämpfen unter Einsatz ihres Lebens für das höchste Glut, das es überhaupt nur geben kann:

**Für die Freiheit des Menschen und damit für seine unverzichtbare Würde.**

Ein dreifaches Hoch auf unsere Männer!

*(Doch der zögerliche und schwächliche Applaus wird grell unterbrochen durch einen ersten Kanonenschlag preußischer Truppen. Ulanen reiten über die Heuberger Mühle in Richtung Friedhof. Dort haben sich flüchtende Freischärler verschanzt, die sich vom Distrikt „Mohrstall" nach starkem Feindbeschuss zurückgezogen haben.*

*„Alles rennet, rettet, flüchtet." Nur Mathilde zieht sich unaufgeregt ins Haus zurück. Sie lässt sich durch den Kanonenschuss nicht den Mut zum Widerstand nehmen.)*

**Mathilde:**
*(den Kopf schüttelnd und erbost zu ihrem Vater sagend, der vor ihr ebenfalls langsam ins Haus zurückgeht.)*

Diese feigen Hunde!

Sie rennen wie die verrückten Hühner hin und her.

Viele sind nur lächerliche Maulhelden.

Schande!

# 3. Szene

## Gärtnerei Eichling,
## die Vorgänge im Herrenhaus

14. Juni 1849, 9. 00 Uhr

*(Gärtner Eichling kauert mit seiner Frau und seinen Kindern im Keller der Gärtnerei. Alle zittern, seit die Beschießung beginnt.)*

### Eichling:
*(ängstlich und zugleich wütend)*

Diese Mordbrenner wollen unser Städtchen wohl in Schutt und Asche legen.

Sie schießen vom Feldweg, der von der Rockenhauser Straße nach Norden abzweigt. Ich höre das ganz genau.

### Frau Eichling:
*(drückt sich schützend an ihre Kinder, die bei jedem Schuss aufschreien und laut weinen.)*

Der Preuße hat kein Herz im Leib. Was können die unschuldigen Kinder dafür, dass es zum bewaffneten Aufstand gekommen ist?

Auf wehrlose Menschen schießen … Sind sie nicht gemeine Verbrecher? Gott wird sie für ihre Sünden hart bestrafen.

**Herr Eichling:**
*(droht mit einer Mistgabel, die neben ihm steht.)*

Wenn einer dieser Schweineköpfe dich oder die Kinder anfasst, ramme ich ihm die Mistgabel in den Ranzen.

Sollen sie mich dann vierteilen. Mir ist alles egal.


**Frau Eichling:**
*(reißt ihm die Gabel aus der Hand und schreit ihn an.)*

Bist du verrückt? Nichts wirst du tun, wenn sie hereinkommen. Widerstand macht doch keinen Sinn.

Willst du durch deine Unbeherrschtheit und blinde Wut unsere Zukunft zerstören.

Hast du zu tief ins Glas geschaut?

Sie würden dich auf der Stelle niederschießen oder erstechen.
Nichts wäre gewonnen.
Vergiss diesen Unfug und reiß dich zusammen.


**Eichling:**
*(pocht gegen die schwere Kellertür)*

Die wird uns vielleicht schützen.
Sie müssen sie auf jeden Fall mit Gewalt aufbrechen.

Was haben sie davon, wenn sie harmlose Familien belästigen? Die Offiziere werden sie schon bändigen und ihnen Übergriffe verbieten.

(*Plötzlich ein vernichtender Volltreffer. Das Haus bebt und droht einzustürzen. Scheinbar ist ein tragender Pfeiler getroffen. In Panik stürzen die Eichlings aus der Gärtnerei und „flüchten" in das so genannte Herrenhaus.*)

### Philipp Eichling:

Auf Erna. Schnell in die Amtsstube des Gerichtsvollziehers Carl. Vielleicht sind wir dort sicher.

(*In der Druckerei Thieme, dem Forstamt und der Amtsstube haben schon einige Bürger vor der Kanonade Schutz gesucht und machen den Eichlings nur widerwillig Platz.*)

### Leo Levi:
(*mit aggressiven und abwehrenden Gebärden*)

Jetzt lauft ihr davon wie die Hasen.
Das hat man davon, wenn man die falsche Seite unterstützt.

Diese Freischärler, die ihr ja hofiert habt, können den Preußen nichts, aber auch gar nichts entgegensetzen. Heute bekommen sie Dresche.

Schade ist nur, dass wir alle mit in den Schlamassel gezogen werden.

### Christoph Laukard:
*(Polizeidiener, Monarchist und Gegner der Freischärler)*

Ja, auch die Unpolitischen müssen für den Unfug der Fantasten büßen. Wenn diese Freischärler nur wären, wo der Pfeffer wächst!

Diese Kerle stürzen uns alle noch in den Ruin.

Am liebsten würde ich Zitz und Bamberger die Hälse umdrehen.

Wie kann man denn nur glauben, mit einer zusammengewürfelten Schar von Träumern und Schwätzern die regulären preußischen Truppen aufhalten oder gar schlagen zu wollen?

Sind sie denn von allen guten Geistern verlassen?


### Philipp Ottmann:
*(monarchistisch gesinnter Kaufmann)*

Du hast vollkommen recht.
Kirchheim kann von diesen Laffen niemals erfolgreich verteidigt werden.

Warum werden sie nicht vernünftig und hauen ganz einfach ab. Damit würden sie uns den größten Gefallen tun, diese Blödiane, diese unbelehrbaren Fanatiker!

Ihr werdet alle sehen. Dieser sinnlose Aufstand gegen die Obrigkeit wird wie ein Kartenhaus in sich zusammenbrechen.

*(stöhnt)*

Wenn wir Pech haben, verlieren wir alles.


### Ein junges Mädchen:
(*weinend*)

Werden mich die wilden Kerle in Ruhe lassen?
Ich habe doch nichts getan.

(*In diesem Moment sprengen die Preußen die Tür auf und beginnen mit vorgehaltenen Waffen das große Haus zu durchsuchen.*)


### 1. Ulane:
(*mit der Lanze drohend*)

Wo habt ihr die Schweine versteckt?
Jetzt wird abgerechnet.


### 2. Ulane:
(*stößt mit aufgepflanztem Bajonett in einen halb geöffneten Schrank.*)

Heraus, du feige Ratte!
Ich mache dir Beine, du Höllenhund.

(*Aus dem Schrank kriecht ein verängstigter, etwa 10-jähriger Junge, kreidebleich und weinend.*)

### Eine alte Frau:
*(schreit hysterisch)*

Geht ihr so mit Kindern um, ihr Mordbrenner! Wenn das euer König wüsste!

*(Die Sache bringt das Fass zum Überlaufen. Ohne Rücksicht auf sich selbst beleidigt man den übergriffigen Feind. Die Ulanen ziehen ab.)*

# 4. Szene

### Im Hause Dr. Hitzfeld

*Morgens, 14. Juni 49*

*Mathilde, Anna und Ludwig*

(*Man hört Gefechtslärm. Am „Mohrstall" haben die Schie-
ßereien zwischen den Freischärlern und den vorrücken-
den Preußen begonnen. Anna ist ganz aufgelöst und den
Tränen nahe.*)

### Anna:

Alles sagt mir, dass das heute nicht gut ausgeht. Die
jungen Freischärler haben keine Chance. Ihr werdet sehen, wie sie überrannt werden.

Schade um die jungen Männer.
Sie werden sich sinnlos opfern für eine verlorene Sache!

### Mathilde:
(aufbrausend)

Wenn ich das schon höre. Kein Mumm in den Knochen.
Sollen sie doch kommen, die verfluchten Preußen. Vor
ihnen knien die mutigen Freischärler nicht im Staub.
Sie sind wackere Kämpfer, die sich nicht so leicht einschüchtern lassen. Wenn die Kugeln fliegen, machen sie
sich nicht in die Hose.

Anna, was ist nur mit dir los.

135

Immer bist du pessimistisch. Wo bleibt denn dein Vertrauen in Gott und die göttliche Gerechtigkeit.

### Anna:
*(zerknirscht, an den Händen vor Angst und innerer Erregung zitternd, weinerliche Stimme, sie kann kaum die Kaffeetasse halten.)*

Ja, wenn ich das schon höre! Gottvertrauen!

Unser Pfarrer hat den Aufstand von Anfang an recht kritisch gesehen. Man kann mit Fug und Recht sagen, dass er die Sache der Freischärler verdammt hat. Die reformierte Kirche steht dem Aufstand ablehnend gegenüber. Keine Frage!

### Mathilde:
*(kämpferisch)*

Ich lasse mich jedenfalls von seinem Geschwätz nicht ins Bockshorn jagen.

Er ist eine unerträgliche Quasselstrippe.

Immer mit der Obrigkeit gehen. Das ist die unerschütterliche Überzeugung unseres reaktionären Pfarrers. Die Obrigkeit ist von Gott eingesetzt. Gott will, dass wir ihr gehorchen.

Dieser Unfug passt nicht mehr in unsere Zeit.
Im Übrigen haben sich die Monarchen durch ihre hinterhältige und eidbrüchige Haltung vor Gott und den Menschen schuldig gemacht. Sie haben gelogen und getrogen.

Gott ist nicht mit ihnen. Wir müssen ihnen nicht folgen.

## Anna:

*(entsetzt über die fortschrittlich-radikalen Gedanken ihrer Tochter)*

Deine Einstellung ist verkehrt. Noch glauben viele Pfälzer an die Lehren der Religion und hören auf die Predigten ihrer Pfarrer. Du hast dich ja schon früh gegen die Kanzel gestellt und deinen Freigeist gepflegt.

Ihr Demokraten geht zu weit. Die Strafe wird folgen. Ich glaube sogar, dass ihr die Mehrheit der Pfälzer nicht auf eurer Seite habt.

Wir werden schon sehen, wie unglücklich die Sache ausgehen wird.

## Mathilde:

(zornig, *schlägt mit der Hand auf den Tisch.)*

Anna, willst du mir Angst machen, weil ich mich im Komitee engagiert habe? Denkst du an meine öffentliche Rede bei der Fahnenweihe? Ich habe es für unsere Zukunft getan.

Die Pfälzer haben die reaktionäre Unterdrückung satt. Sie wollen endlich Freiheit und ein vereintes deutsches Vaterland. Sie sehnen sich nach grundlegenden Menschenrechten, die ihnen die Verfassung garantieren wird.

Schluss mit dem Duckmäusertum!
Auch wir Frauen haben die gleichen Rechte wie die Männer.

Das muss in die reaktionären Schädel, wenn nötig mit Gewalt hinein.

**Ludwig:**
(*tritt aus dem Praxisraum hinzu, in dem er seine chirurgischen Geräte für einen möglichen Einsatz gesäubert hat. Er rechnet fest damit, dass man ihn bald brauchen wird.*)

Anna,
vielleicht werden die Freischaren verlieren und sich zurückziehen müssen. Die militärische Übermacht scheint ja erdrückend zu sein.

Doch wir haben das Recht und die Moral auf unserer Seite. Jedes Opfer ist gerechtfertigt vor Gott und den Menschen.

Wir dürfen jetzt nicht sofort klein beigeben. Wofür haben wir denn schon so lange und teilweise mit großem Erfolg gestritten.

Sollen wir denn das Erreichte, vor allem aber die von einer großen Mehrheit beschlossene Verfassung, auf den Abfallhaufen werfen? Sollen wir denn nur aus Angst um unser Hab und Gut und grenzenloser Feigheit unsere legitimen Ansichten sang- und klanglos aufgeben?

(*Anna schluchzt. Sie spürt, dass Ludwig und Mathilde nicht auf ihre Linie einschwenken. Ludwig legt tröstend den Arm auf ihre Schulter.*)

Sei mal nicht allzu ängstlich. Wir haben – das ist uns ausdrücklich bestätigt worden – das Recht auf unserer Seite.

Wir sind keine Hasardeure.

Zitz und Bamberger sind verantwortliche Truppenführer. Sie wissen genau, was sie tun. Niemals werden sie sinnlos die ihnen anvertrauten Männer in den Tod schicken.

Sie werden auch die Stadt schützen und sie nicht zerstören lassen.

Noch gestern hat mir Zitz bestätigt, dass sie das Stadtgebiet räumen werden und sich langsam an die Haardt zurückziehen, wenn der militärische Widerstand unmöglich wird.

Sie sehen allerdings, dass wir eine Chance haben, wenn wir mit den badischen Aufständischen jenseits des Rheins weiterkämpfen. Sie haben das Potenzial, die Angriffe der Preußen erfolgreich abzuwehren.

*(Anna ist sehr skeptisch und schüttelt mehrfach den Kopf. Mathilde stimmt ihrem Vater begeistert zu.)*

### Mathilde:

Vati sieht die Dinge richtig. Wie sagt man doch seit dem Hambacher Fest auch in den deutschen Ländern:

**Noch ist Polen nicht verloren!**

**Ludwig:**
*(redet beschwichtigend auf Anna ein.)*

Anna, wir haben noch weitere Trumpfkarten in den Ärmeln. Denk mal an die internationalen Verwicklungen. Schon werden die Schweizer und vor allem die Franzosen wieder unruhig. Mit Argusaugen schauen die Elsässer auf die ganze Entwicklung. Sie können uns im Ernstfall, wenn es wirklich ganz hart auf hart kommen sollte, militärisch und vor allem politisch beistehen.

Bei wem, außer dem Russen, ist denn der preußische König mit seinen reaktionären Ansichten noch beliebt. Die viel beschworene so genannte Heilige Allianz, das Bündnis der Ewiggestrigen ist innerlich tot. Schon lange riecht man ihre Verwesung in Europa und der Welt.

Auch in Österreich und anderen Ländern ist die revolutionäre Gärung noch keinesfalls zu Ende gekommen.

Wir haben Verbündete im Ausland. Das müssen König Max und Friedrich Wilhelm beachten. Sie können es also nicht zu bunt treiben.

*(Mathilde hat sich inzwischen vom Tisch entfernt und ist nach oben gegangen. Sie kehrt mit einem großen, weißen Leinentuch zurück.)*

**Anna:**
*(erschrocken, fuchtelt mit den Armen)*

Was willst du denn in Gottes Namen mit dem weißen Tuch!

Willst du es etwa aus dem Fenster hängen und damit anzeigen, dass wir kapitulieren? Das wäre vernünftig.

**Mathilde:**
*(wütend)*

Wie bitte? – Kennst du so deine Tochter?
Genau das Gegenteil möchte ich tun.
Ich möchte mit diesem Tuch den Freischärlern helfen.
Ich habe einen Plan, wie ich mich in diesem Schicksalskampf wirklich nützlich machen kann, ohne mit dem Gewehr in der Hand zu kämpfen.

Soll ich denn untätig zu Hause sitzen, an deinem Rockzipfel klammern, während junge, tapfere Männer für unsere geliebte Pfalz gegen die Preußen verbluten?

Nein, niemals. Ich werde sie unterstützen, wo und wann ich es immer tun kann.

Niemand hält mich auf!
Auch du nicht Anna!

**Anna:**
*(heult laut auf, tränenerstickte Stimme)*

Du bist ja vollständig von Sinnen.
Diese Raserei, dieser Fanatismus!
Wo soll das noch hinführen!

Ludwig, was haben wir falsch gemacht. Unser einziges Kind ist nervenkrank. Es hat seinen gesunden Menschenverstand verloren.

Sag doch mal endlich ein Machtwort.
Sie kann doch nicht so ihre Eltern in Angst und Schrecken versetzen. Das ist ja furchtbar!

### Ludwig:

*(stimmt Anna zu. Auch er ist aufgeschreckt. Er hängt sehr an seiner Tochter und möchte nicht, dass ihr etwas zustößt.)*

Mathilde, bleib zu Hause. Was du vorhast, ist zu gewagt. Bitte denk daran, du bist keine Kämpferin, die das Recht hat, den preußischen Truppen in irgendeiner Weise entgegenzutreten.

Man wird dich im besten Fall für wahnsinnig halten und festnehmen.

Wenn du zu einer Waffe greifst, wird man dich erschießen. Da machen die keine Unterschiede. Du bist dann für sie eine verräterische Insurgentin, die sich gegen den legitimen König erhoben hat.

*(Ludwig steigert seine Emotionalität. Er fasst Mathilde an den Händen und versucht ihr sogar, das Tuch wegzunehmen.)*

Mathilde bleib unbedingt hier!
Ich flehe dich an.
Das kannst du Anna und mir einfach nicht antun. Der Preis ist viel zu hoch.

Sei vernünftig!
Wir würden es beide nicht verkraften, wenn die etwas Schlimmes zustößt.

Mathilde, du bist unser geliebtes Kind und unsere ganze Hoffnung für die Zukunft.

*(Mathilde reißt sich los und eilt aus dem Haus in Richtung Peterskirche. Dort angekommen, glaubt sie ihren Augen nicht trauen zu können. Auf einer Gebetsbank kniet der reformierte Pfarrer, ihr eingeschworener, politischer Gegner und betet laut für den Frieden. Er bemerkt Mathilde und fährt sie an.)*

### Pfarrer:
*(ironisch bis sarkastisch)*

Willst du mich, liebe Mathilde, in meinem Friedensgebet unterstützen? Wenn das so ist, dann bin ich überrascht. Aber dann bist du mir hochwillkommen.

Aus einem Saulus wurde ein Paulus.

In diesen dunklen Stunden brauchen die Kirchheimer dringend den Beistand von oben. Fanatiker ruinieren unsere schöne Stadt durch sinnlosen Widerstand gegen die gottgewollte Obrigkeit.

### Mathilde:
*(mit kämpferischer Gebärde, das Tuch schwenkend, das sie an einer Stange angebunden hat.)*

Da bin ich aber ganz anderer Auffassung. Ich bin hierhergekommen, um unsere Kämpfer zu unterstützen. Beten kann ich später.

### Pfarrer:
*(drohende Gebärde, springt aus dem Gebetsstuhl auf und versucht, ihr den Weg zum Kirchturm zu verwehren.)*

Hast du denn überhaupt keinen Glauben an Gott mehr? Bist du ganz von Sinnen, du gottloses Frauenzimmer!

Willst du dieses Gotteshaus entweihen und es zu einer Räuberhöhle degradieren. Weib, du bist nicht mehr normal!

**Mathilde:**

Fass mich bloß nicht an, du Schwätzer.

**Pfarrer:**

Gib mir sofort den Stofffetzen her!
Ich werde dich beim Presbyterium und den weltlichen Behörden wegen Blasphemie und Unterstützung der Freischärler anzeigen.

**Mathilde:**

Ich verachte dich, du Reaktionär. Du willst eine Gemeinde führen?

Du hast gar keine Autorität. Im Grunde bist du eine Witzfigur.

**Pfarrer:**
(hält die Bibel schützend vor sich, als müsse er den leibhaftigen Teufel abwehren.)

Mir tun deine Eltern leid, dass sie eine solche Furie großgezogen haben.

Her mit dem Leinentuch und der Stange, du Luder!

(*Er wendet Gewalt an und zerrt Mathilde an den Armen. Dabei versucht er, ihr die improvisierte Fahne zu entwenden. Mathilde ist stärker und reißt sich mit letzter Kraft von ihm los. Sie versetzt ihm hierbei einen kräftigen Stoß, der ihn zu Boden wirft.*)

Es tut mir leid. Aber Sie haben es so gewollt.

(*Mathilde reißt die knarrende Tür auf, die zu einem steilen Turmzimmer führt und hastet nach oben. Der Pfarrer folgt ihr nicht nach, sondern verlässt unter lautem Schimpfen den Ort seiner Niederlage.*)

### Mathilde:

(*öffnet die Fenster und schwenkt ihre Fahne. Von oben hat sie einen Rundblick auf das Kampfgeschehen, der kaum zu überbieten ist. Sie gibt hiermit den Freischärlern wichtige Hinweise über die Truppenbewegungen der Preußen. Damit rettet sie wahrscheinlich vielen jungen Kerlen das Leben. Sie ziehen sich langsam vom Mohrstall aus zum Friedhof zurück.*)

### Mathilde:

Der Ausblick ist phantastisch. Jetzt kann ich die Freischärler warnen. Besser geht es nicht!

Sie haben mich gesehen und vertrauen meiner Fahne. So kann ich ihnen zeigen, wo der Feind inzwischen steht und vor allem, wie er vorrückt.

Diese Hunde! Sie wollen unsere Leute umzingeln und sie auf der Stelle niedermachen.

Sie brauchen dringend eine andere Position, die sie gut verteidigen können.

Sie verlassen sich auf mich.
Großartig!

Hoffentlich zielen die preußischen Kanoniere nicht auf den Turm.

Es wird nicht mehr lange dauern, bis sie mich entdecken.

Verdammt, ein preußischer Soldat hat mich ausgemacht und deutet schon auf mich.


### *Freischärler:*
*(bewundernd)*

- Das ist ja eine junge Frau, die die Signalfahne schwenkt!
- Alle Achtung!
- Ein Pfundsweib!
- Ja, wenn nur alle Männer diesen Mut zeigen würden. Die meisten sind ja nur feige Säcke!

# 5. Szene

## Mathilde auf der Barrikade,
## Kämpfe vor dem Schlossgarten

Gegen Mittag, 14. Juni 1849

*(Mathilde ist voller Elan und Kampfgeist.*
*Nach der Rückkehr vom Turm der Peterskirche, den sie*
*unbehelligt verlassen kann, hält sie es zuhause nicht*
*aus. Sie will irgendwie weiter an den Kämpfen teilneh-*
*men und die Freischärler unbedingt unterstützen. Ihre El-*
*tern versuchen, sie wieder vergeblich zurückzuhalten.)*

**Anna:**
*(redet auf Mathilde energisch ein.)*

Glaubst du denn allen Ernstes, dass der Sieg der Frei-
schärler gegen die Preußen von deiner Beteiligung an
den Kämpfen abhängt? Das was du dir in dem Turm der
Peterskirche erlaubt hast, war völlig unverantwortlich.
Du hättest dein Leben verlieren können.
Auch ein Gotteshaus schützt nicht unbedingt.

Das ist doch lächerlich, wie du deine Möglichkeiten ein-
schätzt. Du bist zu fanatisch geworden.

Ja, du kannst schwer verletzt und im schlimmsten Falle
sogar getötet werden. Was für ein sinnloses Opfer!

### Ludwig:

*(Ludwig entsetzt, dass Mathilde nicht im Schutz des el-*
*terlichen Hauses bleiben will. Er reißt die Tür des Waf-*
*fenschranks auf, holt sein Gewehr heraus und wirft es*
*ungehalten auf den Wohnzimmertisch.)*

Ja, mit dieser Waffe würde
ich mich den Preußen entge-
genstellen. Doch ich weiß,
dass ich bald Verwundete
behandeln muss. Man wird
sie hierherbringen. So helfe
ich den Freischärlern am
besten in der Not. Mit dem
Säbel in der Hand würde ich
gar nichts erreichen.

Ich kenne meine Bürger-
pflicht.
Und du solltest jetzt auch
wissen, dass man dich hier
braucht. Du kannst mich bei
meiner Arbeit tatkräftig unterstützen. Hier ist dein Platz
an meiner Seite.

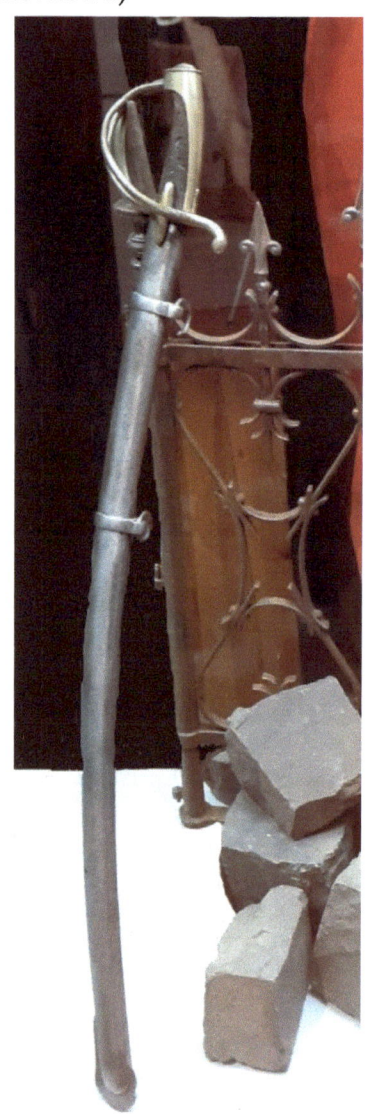

*(Säbel der Freischärler aus dem*
*Jahre 1849)*
*(Original im Museum im*
*Stadtpalais Kirchheimbolanden)*
*(Fotografiert und bearbeitet*
*von K. Betzen)*

148

**Mathilde:**
*(steht auf und geht auf die Tür zu.)*

Ich sehe das ganz anders. Die jungen Kerle benötigen unsere Hilfe.

Ich muss ja nicht zur Waffe greifen, obwohl mir die Finger jucken. Es gibt sicher viele Möglichkeiten, wie ich mich nützlich machen kann. Ich kann Gewehre laden oder Verwundete vor Ort verbinden.

Soll ich mich von eurer Furcht anstecken lassen? Nein, nie und nimmer! Ich käme mir wie ein Fahnenflüchtiger vor.

Vom Gelingen des Aufstandes hängt unsere Zukunft ab. Ich will meinen Beitrag leisten, auch wenn er euch unbedeutend oder völlig nutzlos erscheint.

Die Würfel sind gefallen. Ihr bringt mich nicht davon ab.


**Anna:**

Mathilde, bleib bei uns. Ich flehe dich an.


**Mathilde:**
*(entschlossen)*

Irgendwie muss ich auch morgen noch in den Spiegel schauen können und mich nicht selbst verachten, weil ich in der entscheidenden Stunde von der Fahne gegangen bin. Ich will unsere Ideale nicht aus Feigheit verraten.

Das ist mein letztes Wort.

*(Anna stellt sich ihr in den Weg und versucht sie zurück-zuhalten. Mathilde schubst sie zur Seite und rennt die Treppe hinunter. Anna schreit ihr entnervt nach.)*

### Anna:

Mathilde, bleib hier! *Komm zurück!* Willst du uns denn alle unglücklich machen?

*(Mathilde läuft unbeeindruckt zum Schlossgarten in Rich-tung der Barrikaden. Gefechtslärm, Gewehrschüsse und die ohrenbetäubenden Einschläge der Kartätschen. Ge-fährliche Splitter schwirren durch die Luft. Die Freischär-ler setzen sich vom Friedhof nach dem Schlossgarten und den improvisierten Barrikaden ab. Der Rückzug verläuft chaotisch und ist zum Teil fluchtartig. Die Preußen drän-gen zügig nach.)*

### Georg Fried:
*(Freischärler, schreit seinen Kameraden zu, während er sein Gewehr nachlädt.)*

Schnell zur ersten Barrikade! Vielleicht können wir die Hunde dort aufhalten.

So gut schießen sie gar nicht, diese Volksverräter.

Lasst euch nicht ins Bockshorn jagen, Jungs!

**Leopold Schwab:**
*(Freischärler, Streifschuss am linken Bein, hinkt, Kampf-geist noch ungebrochen.)*

Ja, diese reaktionäre Brut zwingt mich nicht zur Kapitulation.

Kommt nur, ihr Fürstenknechte! Euch werd' ich's zeigen! An der Barrikade machen wir euch kalt.

Komm nur Freundchen,

*(Er richtet seine Flinte auf einen Ulanen, der ihm bedrohlich näherkommt.)*

Noch ein Schritt und ich knalle dich ab wie einen Hasen.

Ja, so ist es recht.
Komm mir direkt vor's Rohr.
Ab in die Hölle, du Speichellecker!

*(Ein gellender Aufschrei. Der Infanterist ist getroffen und stürzt zu Boden.)*

Mehr hast du wirklich nicht verdient, du Hundsfott und Fürstenknecht.


**Ernst Ruppert:**
*(Freischärler, reibt sich die Augen und schreit entsetzt seinen Kameraden zu.)*

Blendet mich die Sonne?
Nein, das kann doch nicht sein!
Ich glaube, ich träume.

Seht ihr das auch? Gibt es so etwas?
Auf der Barrikade steht Fräulein Mathilde Hitzfeld. Sie ist eine wahre Amazone!

Sie winkt uns zu. Ist sie denn ganz durchgeknallt?

Was will sie denn nur auf der Barrikade? Die spinnt doch.

Will sie der Frau Blenker Konkurrenz machen, die ja sogar ihren Mann in die Kämpfe begleitet.

Trotz allem! Chapeau! Diese Frauen sind aus dem richtigen Holz geschnitzt.

*(Freischärler schreien wild durcheinander. Auch sie können kaum glauben, was sie in der grellen Mittagssonne sehen: Mathilde kämpferisch, eine pfälzische Amazone, auf der Barrikade! Sie schwingt eine Fahne.)*

### Anton Brozler:
*(Freischärler)*

Ist das nicht Mathilde?
Sie hat uns doch immer geholfen. Wie gut hat sie mit den anderen Damen für uns gekocht!

Und erst der herrliche Pfalzwein, den sie aus dem Keller ihres Herrn Vaters geholt hat! Der ist mir durch die durstige Kehle gelaufen wie himmlischer Nektar.

**George:**
*(macht sich lustig über seinen Kameraden.)*

Ja klar. Am nächsten Morgen war dir speiübel. Du hast ja gesoffen wie ein Kamel, wenn es nach langer Zeit an die Tränke geführt wird, du alter Zecher.


**Brozler:**

Sie muss da unbedingt von der nutzlosen Barrikade. Sie setzt ihr Leben aufs Spiel für nichts.


**Peter Vogel:**
*(Freischärler)*

Mathilde, weg von der Barrikade!
Die werden Sie niederschießen.
Ein Wunder, dass man Sie noch nicht getroffen hat.

Mathilde, weg aus dem Kugelhagel!

Was soll das?
Sie sind keine Freischärlerin und völlig unbewaffnet.

Wollen Sie als Aufständische erschossen werden?


*(Die Freischärler und ihr Hauptmann sind jetzt in der Nähe der Barrikade. Sie versuchen mit guten Worten, Mathilde zum Verlassen der Barrikade zu bewegen. Sie schwenkt eine Fahne und beleidigt die angreifenden preußischen Soldaten.)*

### Hauptmann der Freischärler:

*(leicht wütend, weil Mathilde nicht reagiert, fuchtelt mit seinem Säbel in der Luft herum, droht Mathilde, die wie in Trance verfallen ist.)*

Mathilde, sind Sie denn völlig durchgedreht?
Wo bleibt ihr scharfer, wacher Verstand?
Wollen Sie sich sinnlos opfern?

Runter von der Barrikade!
Wir können sie ohne große Verluste gegen den anstürmenden Feind nicht verteidigen. Wir müssen sofort hinter die Mauern des Schlossgartens.

Mathilde, ich beschwöre Sie!
Wir können keine Minute mehr verschwenden.

Ich kann Ihnen nichts befehlen, da Sie keine Freischärlerin sind und nicht unter meinem Kommando stehen.

Ich fordere Sie trotzdem als Freund und Kamerad ein letztes Mal auf: Verlassen Sie die Barrikade und retten Sie sich!

*(Mathilde reagiert nicht. Sie wirft die Fahne hin und steht aufrecht, ohne die drohende Gefahr zu beachten. Die Freischärler klettern über Leitern in den Schlossgarten und bringen sich hinter den Mauern in Sicherheit. Eine Kartätsche explodiert unmittelbar vor der Barrikade. Wie durch ein Wunder wird Mathilde nicht durch die Splitter verletzt.*

*Plötzlich wird das Feuer seitens der Preußen eingestellt. Ein junger Leutnant bewegt sich unbewaffnet und mit einem weißen Tuch auf die Barrikade zu und winkt energisch.)*

### Hauptmann der Freischärler:
*(greift sich verdutzt an den Kopf und schreit.)*

Kameraden, stellt sofort das Feuer ein! Vor unseren Augen geschieht ein Wunder. Was ihr da jetzt seht, werdet ihr euren Enkeln noch erzählen.

Das weibliche Wunder auf der Barrikade,
eine pfälzische Amazone wie sie leibt und lebt.

### Ein anderer unsympathischer Ulane
(blutverschmiertes Gesicht)

### 2. Ulane:

Die ist wohl verrückt oder betrunken. Wenn sie nicht verschwindet, wird sie mich kennenlernen.

### 1. Ulane:

Du wirst dich doch nicht an dieser jungen, hübschen Frau vergreifen. Hast du keinen Anstand? Wage nicht, ihr etwas anzutun, sonst lernst du mich kennen.

### Preußischer Offizier:
*(tritt, sich höflich verbeugend an Mathilde heran und bietet ihr wie ein Tanzkavalier den Arm an.)*

Bitte, meine Dame! Kommen Sie von der Barrikade herunter! **Was immer Sie dazu bewogen hat, für eine**

**zarte Dame ist eine Barrikade kein geeigneter Aufenthalt.**

Kommen Sie, ich führe Sie nach Hause in den Kreis Ihrer Lieben zurück!

*(Mathilde lässt sich ohne weitere Aufforderung von dem jungen, galanten Offizier nach Hause begleiten. Alle Beteiligten, Freischärler wie preußische Infanteristen, klatschen begeistert in die Hände. Nach dieser kurzen, ungewöhnlichen Unterbrechung werden die Feindseligkeiten von beiden Seiten mit unverminderter Härte fortgesetzt.)*

# 6. Szene

Eine ungewöhnliche Einladung an einen jungen preußischen Leutnant

### Eingangsbereich des Hauses Hitzfeld, vor dem Wohnzimmer

*(Mathilde verabschiedet sich mit einem höflichen Händedruck von ihrem „Kavalier" und verschwindet schnell nach oben in ihr Zimmer. Die überraschten Eltern laden den jungen Leutnant „in die Höhle des Löwen" ein. Er lehnt jedoch ab und kehrt zu seinen Männern zurück.)*

### Ludwig:

*(höfliche Einladungsgebärde, überrascht, sich über seinen wallenden weißen Bart streichelnd)*

Herr Offizier, wir danken Ihnen, dass sie unsere manchmal leider etwas verwirrte Tochter nach Hause geführt haben.

Dürfen wir Sie, lieber Herr Kavalier, nicht wenigstens auf eine Tasse Tee oder Kaffee und ein Stück Kuchen einladen?

*(Anna schaut ganz konsterniert. Mit einem preußischen Offizier in ihrem Haus hätte sie nicht so schnell gerechnet. Doch sie fasst sich und bekräftigt Ludwigs Angebot. Ja nicht negativ auffallen!)*

**Anna:**
*(sehr diplomatisch)*

Lieber Herr Leutnant, wir wären Ihnen dankbar, wenn Sie die Einladung annehmen würden. Bitte, treten Sie doch näher! Sie sind uns ein willkommener Gast.

*(Ludwig hat mit der Geistesgegenwart seiner Anna in einer so schwierigen Situation nicht gerechnet. Sie ist eben eine geschickte Gesellschaftsdame. Er nickt zustimmend und blinzelt mit den Augen, ohne dass es der Offizier sehen kann.)*

**Preußischer Leutnant:**
*(schüttelt beiden die Hand, lehnt aber kategorisch ab.)*

Leider bin ich im Dienst, sogar im Krieg, und darf meine Kompanie nicht ungewöhnlich lange im Stich lassen. Mein Herr Hauptmann, ein vollendeter Kavalier der alten Schule, hat mir die Erlaubnis gegeben, die junge, hübsche Dame aus der Gefahrenzone herauszuholen. Ich muss dringend zu meinen Leuten zurück und bitte um ihr Verständnis.

Leben Sie wohl! Sagen Sie Ihrem Fräulein Tochter, dass Sie sich nicht mehr in Lebensgefahr begeben sollte. Tun Sie alles, um sie daran zu hindern.

Um ein solch hübsches Mädchen, auf das Sie sehr stolz sein können, wäre es doch jammerschade, wenn man sie verletzten oder gar töten würde.

Bitte grüßen Sie sie herzlich von mir und bestellen Sie ihr:

Wenn Sie mal nach Berlin kommen sollte, würde ich mich geehrt fühlen, sie zu einem Offiziersball ausführen zu dürfen.

Darf ich Ihnen zum Abschied meine Visitenkarte überreichen?

Nochmals alles Gute!

*(Der junge Offizier verabschiedet sich und geht langsamen Schrittes davon.)*

**Ludwig:**
*(sich nochmals ziemlich verlegen über den Bart streichend und recht kleinlaut)*

Hat man da noch Worte! Diese preußischen Offiziere wissen, was sich gehört.

Ja, **Noblesse oblige.**

*(Anna und Ludwig hören Mathilde bitterlich weinen. Sie gehen zu ihr, um sie zu trösten.)*

# 7. Szene

### In Mathildes Zimmer

### Später: an Reichs Haus (Mozartstraße)

Ludwig, Anna, Mathilde, Rasierer Siegel, ein Ulanen-offizier, ein verwundeter Freischärler


**Mathilde:**
*(laut schluchzend und weinend, Anna und Ludwig sitzen neben ihr auf Stühlen vor dem Bett und versuchen sie zu trösten.)*


**Anna:**
*(streichelt sie liebevoll mit der Hand und reicht ihr ein gro-ßes Taschentuch.)*

Liebes Kind, sei doch nicht so untröstlich.
Du hast für die Erhebung getan, was immer du nur konntest.
Es ist vorbei. Schluss aus und vorbei!

Es macht keinen Sinn, sich jetzt zu quälen und Dingen nachzuweinen, die eben anders gekommen sind.


**Mathilde:**
*(zerknirscht und immer noch von Weinkrämpfen geschüt-telt)*

Alle unsere Träume und Ideale sind mit einem Schlag wie ein Kartenhaus zusammengebrochen. Soll sich denn alles in Luft aufgelöst haben?

Sollen denn alle die Opfer, die wir gebracht haben, vergeblich gewesen sein?

Ich kann es nicht fassen.


### Ludwig:
*(redet ruhig auf Mathilde ein, wie es seine Art ist.)*

Wieder sehen wir, dass Macht vor Recht geht. Es ist traurig, aber leider wahr.

Das frei vom Volk gewählte Parlament ist von reaktionären Monarchen überwältigt worden.

Sie haben das Militär von Großmächten auf ihrer Seite. Die adligen Offiziere unterstützen ihren König vorbehaltlos. Was soll man denn auch von ihnen anderes erwarten!

Durch Lügen haben die Könige und Fürsten ihre Positionen wieder aufgebaut. Sie haben uns alle getäuscht.

Noch ist ja der Kampf nicht zu Ende.
Doch ich gebe es zu, es steht schlecht um unsere Sache.


### Mathilde:
*(richtet sich im Bett auf und greift nach der Silberkette, die ihr Philipp Berch zum Abschied um den Hals gehängt hat.)*

Wie es wohl dem armen Philipp geht?

Wenn ich an die Überlegenheit der preußischen Truppen denke, bleibt ihnen doch nur der schnelle Rückzug. Sie können mit ihren schwachen Kräften keinen längeren Widerstand leisten.

Hoffentlich setzen sie sich rechtzeitig über den Rhein ab. Sie haben doch nur noch eine Chance, wenn sie sich mit den badischen Streitkräften vereinigen.

### Ludwig:
*(froh, dass Mathilde endlich wieder in der Realität ankommt und den Weinkrampf langsam überwindet.)*

Klar, dass deine Gedanken jetzt bei Philipp sind. Er ist kein Draufgänger. Ihm wird nichts zustoßen. Da bin ich mir ziemlich sicher.

Du wirst sehen, irgendwann steht er vor der Tür mit einem großen Strauß roter Rosen und wird um deine Hand anhalten.

Er ist stark und weiß, dass du ihn liebst. Das wird ihm Kraft geben, allen Gefahren zu trotzen.

### Anna:

Mathilde, du musst jetzt zuerst an dich selbst denken. Du bist nervlich stark mitgenommen. Bitte ruhe dich aus und beruhige dich.

Mache dir keine Sorgen über eine Zukunft, die wir alle noch nicht kennen. Selbst wenn sie uns bestrafen sollten, wird irgendwann die Sonne wieder für uns scheinen. Wir halten zusammen wie Pech und Schwefel. Wir sind nicht allein.

## Ludwig:

Anna, du hast ja so recht. Nichts kann uns passieren, wenn wir fest zueinanderstehen. Auf unsere Freunde und Verbündeten können wir uns verlassen.

Eisenstuck, der Beauftragte des Frankfurter Parlaments für die Pfalz, hat vor wenigen Wochen Zitz und Bamberger versichert, dass es juristisch für die Autokraten schwierig sein wird, uns einen Prozess zu machen. Sie wollen uns des Hochverrats bezichtigen. Das werden sie nicht durchkriegen.

Das Recht ist durch die Beschlüsse der frei gewählten Körperschaften eindeutig auf unserer Seite. Sie haben die Reichsverfassung gebrochen. Sie gehören vor ein ordentliches Gericht, nicht wir.

Ich lasse mich nicht einschüchtern. Alle Mitglieder und Anhänger des Märzvereins werden fest zusammenhalten und sich gegenseitig schützen.

## Mathilde:
*(schon wieder gefasst. Ihr Tatendrang erwacht aufs Neue. Sie steht energisch aus ihrem Bett auf und trinkt ein Glas Limonade.)*

Bitte lasst mich wenigstens zuschauen, was in der Stadt vor sich geht. Ich kann nicht hier im Bett liegen, während draußen die Preußen marschieren. Ich verspreche euch als Zaungast alles nur zu beobachten und mich nicht weiter einzumischen.

Ihr braucht keine Angst um mich zu haben. Ich werde nichts tun, was mich gefährdet. Bitte vertraut mir und habt Verständnis für mich. Ich werde euch keine Sorgen machen.


## Ludwig:
*(überrascht und mit verärgertem Ton)*

Mathilde, du weißt, dass ich kein patriarchalischer Hundsknochen bin. Trotzdem, ich könnte dir verbieten wieder aus dem elterlichen Haus zu gehen.

Immer noch ist die Gefahr riesengroß. Auf den Straßen und um den Schlossgarten herum wird geschossen. Man hört, wie es knallt. Die Kämpfe sind scheinbar noch voll im Gange.

Ja, ich erlaube dir, auch wenn es meine Brust zusammendrückt, das Haus zu verlassen. Du musst mir versprechen, dass du wirklich vernünftig bist und dich in jeder Weise auf Abstand hältst.

Du bist keine Freischärlerin, keine Kombattantin, auch wenn du die Bewegung von Anfang an tatkräftig unterstützt hast.


## Anna:
*(fast hysterisch)*

Was sagst du nur, Ludwig!
Sie soll hierbleiben, bis alles vorbei ist.

**Ludwig:**

Mathilde, ist eine erwachsene Frau. Sie weiß, was sie macht. Sie ist für sich selbst verantwortlich. Wir dürfen sie nicht anketten.

*(Zu Mathilde:)*

Du bist in der revolutionären Bewegung aufgegangen. Ich kenne keine junge Frau, die sich so engagiert hat wie du. Du kannst stolz auf dich sein und jedem unter die Augen treten.

Aber, so wie sich alles entwickelt hat, ich meine die Tatsache, dass die Freischaren Kirchheim nicht verteidigen können, solltest du klug sein und dich zurückhalten.

Mache dich und uns nicht unglücklich. Wir haben unser Herzblut gegeben. Mehr kann man nicht verlangen. Tue, was du nicht lassen kannst, aber sei klug und vorsichtig.

*(Mathilde umarmt ihren Vater und küsst ihn intensiv auf die Wangen. Er drückt gefühlvoll ihre Hand. Anna schaut gerührt zu und muss sich schnäuzen.)*


**Mathilde:**
*(macht sich vor dem Spiegel frisch und verlässt das Haus. Als sie den Ölberg (heutige Mozartstraße) hinuntergeht, hört sie Geschrei aus dem Haus von Reich. Dort sieht sie einen brutal verwundeten Freischärler, dem sie dringend helfen will. Die rechte Backe hängt ihm als großer Fleischfetzen von der Kopfseite herab. Offenbar hat ihn der Ulane mit dem Säbel geschlagen.*

### Ulanenoffizier:

*(in barschem Ton zu dem Rasierer Siegel, der an den Frei-schärler herantritt, um sich die Wunde anzuschauen. Er ist immer noch an das Pferd des Offiziers angebunden.)*

Machen Sie nicht zu viel Aufhebens mit diesem Schwein. Soll ich ihn bedauern, obwohl er auf mich ge-schossen hat, dieser Hund? Ich könnte ihn abstechen und kein Hahn würde nach ihm krähen.

Es gilt das Kriegsrecht. Er ist ein aufständischer Ver-brecher, der sich in frecher Weise und mit Waffengewalt gegen seinen König erhoben hat. Er hat versucht, dieser Lump, einen preußischen Offizier zu erschießen.

Damit hat er sein Leben verwirkt.


### Siegel:

*(untertäniger Ton)*

Herr Offizier, ich habe das alles nicht gesehen und halte mich heraus. Im Moment sehe ich nur meine Aufgabe und will ihn verbinden. Das ist auch meine Christen-pflicht, ganz egal, was er getan hat. Er ist ein Mensch.

*(In diesem Augenblick kommt Mathilde vorbei und sieht den Verwundeten, der wie ein Schwerverbrecher an das Pferd gebunden ist. Das ist ihre Stunde. Sie muss sich einmischen und dem jungen Patrioten helfen. Mutig geht sie auf den Ulanenoffizier zu.)*

### Mathilde:
*(energisch, aber höflich und in bittendem Ton)*

**„Herr Offizier, bei Ihrer Ehre, geben sie mir doch den Mann in Pflege! Mein Vater ist der Bezirksarzt Dr. Hitzfeld. Er wird sich des Verwundeten annehmen. Sie werden ihn doch nicht weiter mitschleppen wollen."**

### Ulanenoffizier:
*(immer noch erbost und mit mürrisch-finsterem Blick auf den Freischärler)*

Na, du Mistkerl. Heute scheint dein Glückstag zu sein.

*(Er zaudert, scheint aber von der schönen, jungen Dame beeindruckt und gibt ihren Bitten nach.)*

**„Gut, mein Fräulein, nehmen Sie ihn mit. Der Racker hat zwar keine Gnade verdient, denn er hat auf mich geschossen. Aber Ihnen zuliebe will ich heute Gnade vor Kriegsrecht ergehen lassen.
Ich lasse ihn laufen."**

Du kannst dem Fräulein Hände und Füße küssen, du Saukerl. Komme mir nur nicht noch einmal in die Quere. Das würdest du nicht überleben.

Hau ab! Aus meinen Augen!

*(Mathilde bedankt sich überschwänglich bei dem Ulanenoffizier für die Freilassung des Gefangenen. Der Offizier zeigt noch einmal voller Verachtung auf seinen Säbel und droht dem Freischärler.)*

Meinen Säbel hast du ja heute schon kennengelernt. Er hat dich hoffentlich richtig gebissen. Falls du noch einmal, irgendwann und irgendwo, die Hand gegen mich heben solltest, trenne ich deine dümmliche Rübe mit einem Schlag ab.

*(Vor Sorge, dass der immer noch wütende Offizier seine Entscheidung bereuen und sie rückgängig machen könnte, zieht Mathilde mit dem verwundeten jungen Mann eilig ab. Ihr Vater behandelt ihn kunstgerecht. Er kann später über die Grenze entkommen.)*

# 4. Akt

## 1. Szene

### Im Haus Hitzfeld

Nachmittag, 14. Juni 1849

Anna, Ludwig, Zitz und Bamberger


**Ludwig:**

Wer klopft denn da so heftig gegen die Tür?
Ich hoffe nicht, dass es Preußen sind, die unser Haus durchsuchen wollen.


**Anna:**
*(läuft schnell zum Fenster und schaut auf die Straße hinaus.)*

Es sind Zitz und Bamberger. Was die beiden wohl von uns wollen. Ich dachte, sie wären in ihrer Kommandozentrale bei ihren Männern oder in die Kämpfe verstrickt.


**Ludwig:**
*(öffnet schnell die Tür und bittet sie herein.)*

Nur herein, meine Herren! Was führt sie zu uns? Wird immer noch gekämpft?

**Bamberger:**
*(kleinlaut und stark hinkend)*

Ludwig, wir haben eine große Bitte.
Ich kann nicht mehr gehen. Mein ganzer linker Fuß ist seit gestern geschwollen. Ich habe mir auf dem Gewaltmarsch mit den Freischärlern nach Bischheim und dann wieder zurück in den neuen Stiefeln richtige Blasen zugezogen. Sie sind aufgeplatzt und bluten. Wahrscheinlich ist der Fuß inzwischen entzündet. Ich befürchte, dass ich unbehandelt einen eitrigen Abszess bekommen werde.

Schau dir doch bitte einmal die Sache an. Du kannst ja die Wunden desinfizieren und verbinden.

Ich kann kaum mehr laufen. Der Fuß brennt höllisch.

**Zitz:**
*(unaufgeregt, aber bestimmt)*

Ludwig, du siehst selbst, dass Bamberger nicht mehr gehen kann. Wir sind auf dich angewiesen.

Kurz, wir brauchen deine Chaise, damit wir nach Rockenhausen entkommen können, bevor die Preußen hier einrücken und uns verhaften.

Als die hiesigen Kommandeure der Freischaren haben wir überhaupt nichts zu erwarten. Sie werden uns nicht wie gefangene Offiziere behandeln. Vielleicht erschießen sie uns auf der Stelle. Wer weiß? Uns bleibt nur die schnelle Flucht, solange sie noch möglich ist.

Wir haben uns entschieden, unnötiges Blutvergießen zu vermeiden und haben allen Hauptleuten befohlen, sich mit ihren Männern schnellstens in Richtung Haardt nach Dürkheim und Neustadt abzusetzen. In dieser Sache sind schriftliche Anweisungen ergangen.

Immerhin handelt es sich bei den rheinhessischen Freischaren noch um rund 400 Kämpfer. Sie sollen sich mit Schlinke und Blenker vereinigen und gemeinsam zum Rhein marschieren. Das ist der Plan der obersten Führung.

Wir haben ihre Befehle unbedingt auszuführen.

Wir können mit unseren Kräften die Pfalz nicht sinnvoll verteidigen. Wir haben nur eine Siegeschance, wenn wir über den Rhein gelangen und uns dort mit den regulären badischen Truppen zusammentun.

**Bamberger:**

Sie sind kampfstark und haben eine gefürchtete Artillerie und eine recht draufgängerische Kavallerie. Beide Waffengattungen fehlen uns leider. Es macht keinen Sinn, unsere tapferen Männer in einen sinnlosen Kampf zu schicken. Sie würden nur verlieren.

**Ludwig:**
*(zustimmend, untersucht Bambergers geschwollenen Fuß und behandelt ihn mit einer desinfizierenden Tinktur. Er sticht einige weitere Wasserblasen auf. Bamberger zuckt vor Schmerzen zusammen. Ludwig wäscht die Wunden sorgfältig aus, trocknet den Fuß und verbindet ihn kunstgerecht.)*

### Ludwig:

Also Bamberger. Das genügt. Du hast dir eine schmerzhafte Entzündung am rechten Fußgelenk zugezogen, die Schonung braucht.

Da ist noch eine kleine eitrige Stelle, die vielleicht unangenehm werden könnte.

Ansonsten kennst du ja unsere Devise:

**Ubi pus, ibi vacua.**

Ich gebe dir noch ein Fläschchen Jod mit. Da kannst du dir selbst helfen und weiter desinfizieren, wenn du dir morgen einen neuen Verband anlegst.

### Bamberger:

Ich danke dir, lieber Ludwig. Was du und deine Familie schon alles für uns getan haben!

Du siehst ja, dass wir nur von Verrätern an unserer Sache und Feiglingen umgeben sind. Überall wehen die weißen Fahnen der Kapitulation vor den Autokraten. Liberale und Reaktionäre Arm in Arm. Pfui Teufel!

Wie haben sie sich beeilt, weiße Stofffetzen aus den Fenstern zu hängen. Charakterschweine!

**Zitz:**

*(unruhig, rutscht auf dem Stuhl hin und her und verschüttet vor Aufregung den von Anna eingeschenkten Kaffee.)*

Ludwig, ohne deine Chaise sind wir verloren. Bamberger kann beim besten Willen nicht zu Fuß fliehen.

Ich verspreche dir und gebe dir mein Ehrenwort, dass du deine Chaise morgen Abend wieder hast. Sie wird dir von einem treuen Anhänger unserer Bewegung zurückgebracht.

Du sollst das alles nicht unentgeltlich tun. Hier sind drei Golddukaten. Ich glaube, dass das eine angemessene Leihgebühr ist.

**Ludwig:**
*(barsch abweisend)*

Sag mal, Zitz! Was ist nur mit dir heute los?
Du solltest mich besser kennen. Ich nehme doch kein Geld an, wenn es um unsere gemeinsame Sache geht.

Stecke die Dukaten schnell weg, sonst überlege ich es mir noch anders und gebe euch meine Chaise nicht, weil du mich soeben beleidigst.

**Zitz:**
*(gerührt und von zunehmender Unruhe gepackt)*

Ludwig und Anna, verzeiht! Ihr müsst schnell anspannen. Der Feind kann jederzeit vor der Tür stehen. Wir müssen schnellstens weg.

So Gott will und wir siegen, werden wir uns bald wiedersehen. Dann werden wir allen Grund haben, uns mal so richtig mit dem herrlichen Pfalzwein einen hinter die Binde zu gießen.

Wenn du uns, liebe Anna, dann noch deinen Pfälzer Saumagen, dein kräftiges Sauerkraut und den Kartoffelstampf auf den Tisch zauberst, dann wird die Welt wieder in Ordnung sein.

Ach, ich sollte jetzt keine Zeit mehr mit meinem kindischen Schwärmen verlieren. Unsere Sache steht Spitz auf Knopf.

Adieu, meine lieben Freunde!

*(Sie verabschieden sich herzlichst mit Küssen und Umarmungen. Sie sind in den letzten Wochen zu richtigen Freunden fürs Leben geworden.)*

Wir werden, da bin ich mir sicher, politisch und moralisch siegen.


### Bamberger:
*(laut, als ob er Anna und Ludwig überzeugen müsste)*

Die Freiheit, Gleichheit und die Menschenrechte sind unser Ziel. Dabei bleibt es. Auch eine militärische Niederlage, falls es dazu kommen sollte, kann uns nicht abschrecken.

**Noch ist Polen nicht verloren!**

Nieder mit den Tyrannen!
Es lebe die Verfassung!

Grüßt Mathilde, unsere Heldin, herzlich von uns. Wir werden ihr großartiges Engagement für unsere gemeinsame Sache niemals vergessen.

Ihr könnt auf euer Fräulein Tochter wirklich stolz sein.

Lebt wohl, Freunde!


*(Zitz und Bamberger begegnen schon nach wenigen Minuten einer Kompanie preußischer Ulanen. Als sie die Bastenhauser Chaussee hinauffahren, reitet eine Abteilung aus der Frankenstraße heraus. Die Preußen ahnen nicht, welch große Fische ihnen in der Chaise des Dr. Hitzfeld entkommen.)*

## 2. Szene

### Schlossgarten und Umgebung

Nachmittag, 14. Juni 1849

Der sinnlose Opfergang der hessischen Freischaren

Südlicher Haupteingang des Schlossgartens, zwei junge hessische Freischärler, die Schildwache halten

### Peter Vogel:
*(Freischärler, unbewaffnet):*

Georg, ich glaube, wir sollten hier nicht länger bleiben. Ich habe ein komisches Gefühl im Magen, dass wir einen großen Fehler machen.

Was oder wen sollen wir denn hier verteidigen? Ich glaube, wir stehen auf verlorenem Posten.

Wo sind denn die übrigen Kameraden geblieben? Sind sie schon auf und davon?

Haben wir gepennt und die Rückzugssignale vielleicht nicht gehört?

Verdammt noch mal!

Wo sind unsere Kommandeure, Herr Zitz und Herr Bamberger?

### Georg Brotzler:
*(Freischärler mit Tornister, aber auch unbewaffnet, zögerlich, er legt den Tornister mit Mühe und zittrigen Händen ab.)*

Ich weiß nicht, ob wir hier unseren Posten verlassen dürfen.

Befehl ist Befehl.

Wäre es nicht Fahnenflucht, sich jetzt einfach zu verdrücken?

Das ist ehrlos und sehr gefährlich.

Wir sind hier die Schildwache und müssen unseren Dienst versehen. Wenn jeder wegläuft, wenn es brenzlig wird, ist unsere Sache verloren.

### Vogel:
*(ängstlich, unruhig, zieht sich etwas hinter das Portal zurück.)*

Achtung Georg!

Da kommen preußische Infanteristen. Sie haben uns schon entdeckt.

*(flüsternd)*

Verdammt, wir sitzen in der Falle. Wir können uns weder verteidigen noch flüchten.

### Brotzler:

Wir müssen uns unbedingt ergeben. Das ist unsere einzige Chance: Auf Gedeih oder Verderb. Jetzt oder nie!

*(zitternd kniet er spontan nieder und faltet die Hände in einer demütigen Gebetshaltung. Sein Kamerad fällt ebenfalls auf die Knie und spricht laut hörbar ein Gebet.)*

### Preußischer Hauptmann:
*(sichtlich beeindruckt von der demütigen Unterwerfung der beiden jungen, unbewaffneten Freischärler)*

Lasst Sie leben! Sie haben sich ergeben.

Außerdem sind sie unbewaffnet.

*(Doch schon fallen Schüsse. Die beiden Freischärler werden auf der Stelle getötet.)*

## 3. Szene

*(Kämpfe im Schlossgarten; die Preußen machen die Frei-schärler nieder.)*

## Schlossgarten

14. Juni 1849, nachmittags

Rheinhessische Freischärler und preußische Soldaten

### Jakob Wolf:
*(Freischärler, stellt sich auf die Schlossgartenmauer ge-genüber der Gärtnerei Merz.)*

Schießt nicht auf eure Brüder!
Wir allen wollen Freiheit und Menschenrechte.

Kämpft mit uns gegen die Unterdrücker und Tyrannen!

*(Er wird von einer Kugel in die Brust getroffen und stürzt röchelnd von der Mauer herab auf einen Acker.)*

### Joseph Regnier:

Da ist etwas faul. Alles ist an der südlichen Mauer ru-hig.

Man hört auch nichts von der Barrikade.

Sind die etwa getürmt?

**Ernst Ruppert:**

Ich schaue da mal nach. Das ist doch ungewöhnlich.

*(Er kommt kaum fünfzig Schritte weit. Preußen dringen in den Schlossgarten ein. Vor ihm steht plötzlich ein Füsilier, das Gewehr im Anschlag.)*

**Preußischer Soldat:**

Weg mit der Waffe, du Hund! Noch eine Bewegung und du hast eine Kugel im Kopf.
Auf den Boden mit dir, du Schwein!

*(Ruppert ist total überrascht und wirft sich zu Boden. Er überlebt.)*

**Franz Schneider:**

Wir müssen hier weg. Es macht keinen Sinn mehr. Die Preußen machen uns nieder.

Rette sich, wer kann!

*(Während er versucht, über die Mauer zu entkommen, wird er nach unten gerissen und mit einem Gewehrkolben niedergeschlagen. Er überlebt leicht verletzt.)*

**Adam Nuss:**
*(schießt von einem Baum herab, auf den er sich geflüchtet hat.)*

**Preußischer Füsilier:**

Du entkommst mir nicht, du Höllenhund. Hier hast du, was du verdienst.

(*Nuss wird am Hals getroffen und stürzt vom Baum herab. Er stirbt wenige Minuten später.*
*Franz, Philipp und Sebastian leisten erbitterten Widerstand. Doch bald unterliegen sie den Preußen, die sie gnadenlos niedermachen.*)

(*Lauter Gefechtslärm. Schießen und Schreien. Stöhnen und Todesröcheln der Verwundeten.*)

**Franz:**
(*schon am Boden liegend mit einer klaffenden Halswunde, sein Freund und Kampfgefährte Sebastian stützt ihm den Kopf. Kaum hörbar flüstert er, bis ihm die Stimme im Todesröcheln versagt.*)

Sebastian, ich sterbe für die Freiheit...

(*stöhnt vor Schmerzen.*)

Bitte sag Gerda, dass sie frei ist...

(*röchelt, spuckt Blut.*)

Sie soll mir nicht ewig nachtrauern.

(*ringt schwer nach Atem und bäumt sich auf.*)

Ich liebe sie.
Ich denke fest an sie.

**Philipp:**
*(weinend, aber hasserfüllt)*

Kommt nur, ihr Fürstenknechte.
Ich habe eine Ladung Schrot für euch!
Die wird euch schmecken.

*(legt an und feuert in die anstürmenden Preußen. Ein Soldat wird tödlich getroffen. Seine Kameraden rächen sich an Philipp.)*


**Preußischer Füsilier:**
*(voller Zorn, ohne Erbarmen mit dem Feind)*

Hier, dein Lohn, du Vaterlandsverräter.

Blut für Blut!


*(schlägt ihm mit dem Säbel auf den Kopf. Ein anderer sticht ihm das Seitengewehr in die Brust. Zwei weitere hauen und stechen voller Wut auf den schon am Boden liegenden Freischärler ein.*

*Er stirbt, aus mehreren tiefen Wunden blutend. ...*
*Plötzlich wird es ganz still. Das Massaker ist zu Ende. Im Hintergrund ertönt das Deutschlandlied.)*

# 5. Akt

## 1. Szene

General **Brun**, Kommandeur der 4. preußischen Division,
Carl Gießen,
Cornelius Gießen,
Wilhelm Dornes,
Mathilde und viele andere Bürger

14. Juni 1849, spät nachmittags,

### temporäres Quartier des Befehlshabers der 4. Division

**Gießen:**
*(sehr ehrerbietig)*

Herr General, mein Sohn und ich haben ein zweites Sturmläuten unbedingt verhindert. Wir stehen hinter unserem König Maximilian und verhalten uns loyal.

Die Freischaren haben uns Dinge aufgezwungen, die wir scharf abgelehnt haben. Wir haben dafür gesorgt, dass die Stadt ohne weiteres Blutvergießen übergeben wurde.

Wir haben den Fanatikern die rote Karte gezeigt und ihnen klar gemacht, dass wir sie nicht unterstützen werden.

Das war vor einigen Tagen noch wirklich riskant.

Überall flattern weiße Fahnen.

Viele Bürger sind erleichtert, dass sie endlich von dem politischen Druck befreit sind, den die Freischaren aufgebaut haben.

Ich darf Ihnen noch einmal unsere Zuneigung zur Monarchie versichern und unsere Anhänglichkeit an Bayern.

Ich trete hier vor Sie als der Sprecher der Bürger, die glücklich sind, dass der Spuk vorüber ist.

Endlich können wir wieder aufatmen.

Herr General, Sie haben Kirchheim vor der Zerstörung bewahrt. Dafür danken wir Ihnen von ganzem Herzen.

Wir würdigen Ihre ritterliche Vorgehensweise.

### General Brun:
*(freundlich)*

Ich schätze Ihre Ansprache und versichere Ihnen, dass wir die Bürger der Stadt Kirchheim nicht unnötig belasten werden.

Der Kronprinz hat ein verzeihendes Herz.

Allerdings müssen wir die Aufständischen jagen und schlagen, wo immer wir sie antreffen. Sie haben sich gegen Ihre legitimen Könige und Fürsten in verbrecherischer Weise erhoben und müssen hart bestraft werden.

Wir werden, wenn es nötig ist, auch einige Exempel statuieren.

Niemand soll es wieder frech wagen, die gottgewollte und legitime staatliche Ordnung in Frage zu stellen. Mit dem bewaffneten Aufstand haben die Freischaren die rote Linie endgültig überschritten.

Wir werden uns nicht genieren, auch Todesurteile gegen ihre Rädelsführer zu vollstrecken.

Diese Vorgehensweise ist gerecht und keineswegs grausam. Sie soll erzieherisch auf terroristische Elemente in Zukunft einwirken.

Ich möchte Sie nicht weiter belehren.

Der Kronprinz wird vorübergehend ein Hauptquartier in Marnheim beziehen. Kirchheim wird vollständig geräumt. Sie brauchen also keine Belastungen einer längeren Einquartierung zu befürchten. Dieser Kelch geht an den Bürgern von Kirchheim vorüber.

Doch was führt Sie und die anderen Bürger zu mir?


**Gießen:**
(*mit tiefer Verbeugung*)

Ja, wir haben noch eine Bitte.
Als Folge der unseligen und sinnlosen Kämpfe im Schlossgarten liegen dort Leichen zwischen den Bäumen herum, um die wir uns kümmern müssen.

Es ist sehr warm und die Verwesung setzt schnell ein.

Kurzum, wir wollen sie bestatten. Das ist auch unsere Christenpflicht.

**General Brun:**
*(zögerlich, stützt sich auf den Säbel und antwortet in barschem Ton.)*

Ich gebe die Leichen der getöteten Aufständischen frei, aber nur für eine schnelle und geräuschlose Beerdigung.

Allerdings dulde ich keine Einzelgräber und Kreuze mit den Namen der Toten.

Sie sollen in einem Massengrab verscharrt werden.

Die Grabstelle darf nicht gekennzeichnet werden.

Ich verbiete außerdem christliche Devotionalien jeder Art zu verwenden.

Die Beerdigung erfolgt ohne den religiösen Beistand eines Pfarrers in aller Schlichtheit. Wir haben es hier mit Staatsverbrechern zu tun, die ihre Ehre verloren haben.

Das muss bei der Beerdigung restlos klar sein und darf von niemandem in Frage gestellt werden.

Sie und der Stadtrat, Herr Gießen, haften mir persönlich dafür, dass die von mir genannten Bedingungen unbedingt eingehalten werden.

Geben Sie mir Ihr Wort, dann gewähre ich Ihnen die sofortige Beerdigung der Leichen in einem Massengrab.

### Gießen:
(*etwas konsterniert*)

Ich kann Ihre Strenge verstehen und willige im Namen der Bürger ein. Es wird so geschehen, wie Sie es eben verlangt haben. Dafür stehe ich und der Stadtrat gerade.

Wir haben genug Ärger in den letzten Monaten gehabt und sehnen uns nach einer friedlichen und gedeihlichen Zukunft.

Ich danke Ihnen noch einmal in aller Form, Herr General, für Ihr Entgegenkommen.

**Es lebe die bayerische Pfalz.**
**Es lebe Preußen.**
**Es lebe der preußische König Wilhelm.**
**Es lebe der König von Bayern, König Max.**

Ein dreifaches Hoch auf unsere guten Könige.

(*Die Bürger ziehen teilweise mit Tränen in den Augen ab. Mathilde geht sofort auf Gießen zu.*)

### Mathilde:
(*erbost, aber trotzdem leise*)

Herr Gießen, ich bin zornig. Sie haben sich der Staatsmacht hündisch unterworfen.
Sie sind zu weit gegangen.

Ihnen ist doch sicher klar, dass Sie keineswegs das Sprachrohr aller Kirchheimer sind? Sie vertreten die monarchistisch gesinnten, reaktionären Kräfte.

Die Liberalen und vor allem der Märzverein haben völlig entgegengesetzte politische Ansichten und Ziele als Sie.

### Gießen:
*(wütend, unterbricht Mathilde in scharfem Ton.)*

Haben Sie immer noch nicht verstanden, dass Sie krass auf der Verliererseite stehen? Was wollen Sie denn noch?

*(drohend)*

Vielleicht hätte ich Sie dem Herrn General als Rädelsführerin übergeben sollen.

Man wird Ihnen, ihrem Vater und allen seinen politischen Freunden den Prozess machen. Da bin ich absolut sicher.

Seien Sie, Mathilde, das möchte ich Ihnen raten, vorsichtig mit Ihren Äußerungen. In den Augen der Justiz sind Sie und alle Ihre Anhänger Hochverräter. Sie wissen, was das bedeutet.

Lernen Sie beizeiten aus Ihrer Niederlage. Ziehen Sie die richtigen Konsequenzen. Die Geschichte hat ihr Machtwort gesprochen. Sie haben krachend verloren. Was wollen Sie denn noch?

### Mathilde:
*(äußerst erregt, mit nahezu tränenerstickter Stimme)*

Jetzt zeigen Sie Ihren wahren Charakter. Die Maske fällt. Es ist eine Schande, wie Sie und Ihresgleichen die

Zukunft der Pfälzer und Deutschen verraten. Das hat man von Liberalen zu halten, bei denen ihr Heim und Herd an erster Stelle stehen. Sie fallen um, wenn sie den Pulverdampf der Reaktion riechen. Feige Kerle, ohne Mumm und Substanz!

In meinen Augen sind Sie ein gemeiner Schuft.

(*Gießen lässt Mathilde stehen und schüttelt den Kopf.*)

# 2. Szene

15. Juni 1849, nachmittags

### Im Friedhof

### Die schmucklose Beerdigung der gefallenen Freischärler im Massengrab

*Mathilde, Gießen, Carl Schmitt, Gemeinderatsmitglieder und viele Kirchheimer, die den Männern die letzte Ehre erweisen wollen.*

### Gießen:
*(im ermahnenden Ton)*

Mathilde, wenn Sie jetzt an das offene Massengrab herantreten, wissen Sie, was Sie machen dürfen und was Sie auf jeden Fall unterlassen müssen.

So schwer Ihnen und vielleicht vielen der hier Versammelten diese schmucklose und unchristliche Beerdigung der Gefallenen zusetzen mag, denken Sie bitte daran, dass ich dem preußischen General, der uns fair behandelt hat, mein Ehrenwort gegeben habe.

Wir werden bestraft, wenn wir gegen die bindenden Abmachungen verstoßen.

Ich bitte Sie darum, in dieser für Sie und Ihrer Familie sicherlich schweren Stunde Haltung zu bewahren.

Sie kennen die Bedingungen.

*(Mathilde tritt etwas gebeugt an das Massengrab heran und richtet ihren Blick auf die Toten. Sie schluchzt und zittert. Ludwig und Anna stehen bereit, sie notfalls zu unterstützen.)*

### Mathilde:
*(jetzt gefasst, spricht laut und klar)*

In diesem Massengrab liegen 17 Gefallene. Sie sind als so genannte Freischärler gestorben, weil sie für bestimme Ideal eingetreten sind, über die ich hier nicht reden darf.

Wir alle wissen, worum es seit dem März 48 ging.

Wir haben militärisch verloren.

Ob wir auch sonst gescheitert sind, kann nur die Zukunft erweisen.

### Gießen:
*(wird unruhig und drängt Mathilde zur Eile.)*

Mathilde, muss ich Sie noch einmal ernsthaft ermahnen. Bitte bringen Sie uns nicht in schweres Fahrwasser.

### Mathilde:
*(mit wütendem Blick)*

Ja, ich muss schweigen. Wir alle sollen schweigen und uns beugen.
Ich verlese jetzt die Namen der in Kirchheim gefallenen rheinhessischen Freischärler:

*(in feierlichem Ton, jedoch ohne weiteren Kommentar)*

**Georg Brozler** aus Mainz, 23 Jahre

**Adam Hohl** aus Mainz, 32 Jahre

**Nicolaus Berger** aus Mainz, 22 Jahre

**Adam Nuss** aus Mainz, 28 Jahre

**Leopold Schwab** aus Mainz, 19 Jahre

**Peter Vogel** aus Mainz, 25 Jahre

**Franz Scheidel** aus Mainz, 22 Jahre

**Philipp Metzger** aus Gau-Weinheim, 21 Jahre

**Joh. Baptist Burkheiser** aus Bingen, 26 Jahre

**Sebastian Zimmermann** aus Bretzenheim, 26 Jahre

**Jacob Wüst** aus Bretzenheim, 31 Jahre

**Heinrich Kirchner** aus Bretzenheim, 31 Jahre

**Johann Degen** aus Bretzenheim, 23 Jahre

**Ambrosius Klein** aus Marienborn, 20 Jahre

**Ferdinand Secker** aus Marienborn, 19 Jahre

**Jacob Wolf** aus Oberingelheim, 38 Jahre

**Hieronymus Fatscher** aus Bretzenheim, 18 Jahre

Wir verneigen uns.

Ruhet sanft.

*(Mathilde wirft eine Rose, die ihr Anna von hinten reicht, in das Massengrab.*
*Alle Kirchheimer erweisen den gefallenen Helden die letzte Ehre, indem sie wortlos an das Grab herantreten und die Gefallenen mit der aufgeschütteten Erde bewerfen.)*

### Gießen:
*(leise zu Mathilde, etwas wütend)*

Mathilde, Sie sind bis an die Grenze des Zulässigen gegangen. Ich hoffe, dass die Sache insgesamt kein Nachspiel für uns hat.

*(Plötzlich stimmt Lockenhaas das Hecker-Lied an, wird aber von den anderen Trauergästen sofort zum Schweigen gebracht.)*

### Romane:

- **Der Skorpion, der aus Tunesien kam**

  Verlag TWENTYSIX,
  Norderstedt, 2021
  **ISBN    9783740772109**
  **e-book: ISBN 9783740722067**

- **Mein Herz für die Freiheit**

  Verlag TWENTYSIX,
  Norderstedt, 2022, 2. Auflage
  **ISBN      9783740714482**
  <u>**e-book:**</u> **ISBN 9783740723453**

- **Keine Lust auf Heldentum**
  Verlag BoD – Books on Demand,
  Norderstedt, 2024,
  1. Auflage
  **ISBN    9783758322846**
  **e-book: ISBN 9783758396168**

## Gedichte:

- **Schreie des Fasans**
  Verlag BoD – Books on Demand,
  Norderstedt, 2021,
  1. Auflage
  **ISBN    9783754348604**
  **e-book: ISBN 9783755717744**

- **Der nicht begnadigte Trut-
  hahn**
  Verlag BoD - Books on Demand,
  Norderstedt, 2022,
  1. Auflage
  **ISBN    9783755732686**
  **e-book: ISBN 9783756251360**

- **Der gierige Würger**
  Verlag BoD –Books on Demand,
  Norderstedt, 2022,
  1. Auflage
  **ISBN    9783756212101**
  **e-book: ISBN 9783756268160**

- **Frei wie ein Vogel**
  Verlag BoD – Books on Demand,
  Norderstedt,2022,
  1. Auflage
  **ISBN    9783756800117**
  **e-book: ISBN 9783756823109**

- **Disteln und Misteln**
  Verlag BoD – Books on Demand,
  Norderstedt, 2022,
  1. Auflage
  **ISBN 9783756828852**
  **e-book: ISBN 9783756898701**

- **Der hygienische Geier**
  Verlag BoD – Books on Demand,
  Norderstedt, 2023,
  1. Auflage
  **ISBN 9783734754401**
  **e-book: ISBN 9783757869335**

- **Die ungenierte Nilgans**
  Verlag BoD – Books on Demand,
  Norderstedt, 2023,
  1. Auflage
  **ISBN 978375830607**
  **e-book: ISBN 9783758356339**

- **Die dreiste Möwe**
  Verlag BoD – Books on Demand,
  Norderstedt, 2024, 1. Auflage
  **ISBN 9783758372254**
  **e-book:**
  **ISBN 9783758350023**

- **Im Mahlstrom der Emotionen**
  Verlag BoD – Books on Demand,
  Norderstedt, 2024, 1. Auflage
  **ISBN    9783759769619**
  **e-book:**
  **ISBN    9783759791740**

- Der nachdenkliche Kormoran
  Verlag BoD – Books on Demand,
  Norderstedt, 2024, 1. Auflage
  **ISBN    9783769301298**
  **e-book:**
  **ISBN    9783769379532**

- **Nordsee-Impressionen**
  Betzen, Kornelia,
  Kulesza-Betzen, Donald

  Verlag BoD - Books on Demand,
  Norderstedt, 2022,
  1. Auflage
  **ISBN    9783756224647**

https://portal.dnb.de/opac/simpleSe-
arch?query=Donald+Kulesza-Betzen